PARLONS ROMANCHE

La quatrième langue officielle
de la Suisse

Parlons...

Collection dirigée par Michel Malherbe

Dernières parutions

Parlons gallo, Nathalie TRÉHEL-TAS, 2007.
Parlons lobiri, Fané MAÏMOUNA LE MEN, 2007.
Parlons pijin, Christine JOURDAN, 2007.
Parlons maori, Michel MALHERBE, 2007.
Parlons soundanais, Viviane SUKANDA-TESSIER, 2007.
Parlons oromo, Christian BADER, 2006.
Parlons karen, Julien SPIEWAK, 2006.
Parlons ga, Mary Esther DAKUBU, 2006.
Parlons isangu, Daniel Franck IDIATA, 2006.
Parlons kuna, Michel MALHERBE, 2006.
Parlons boulou, Marie-Rose ABOMO-MAURIN, 2006.
Parlons komi, Yves AVRIL, 2006.
Parlons zarma, Sandra BORNAND, 2006.
Parlons citumbuka, P. J. KISHINDO et A. L. LIPENGA, 2006.
Parlons mordve, Ksenija DJORDJEVIC et Jean-Léo LEONARD, 2006.
Parlons lissou, William DESSAINT, Avòunado NGWÂMA, 2006.
Parlons tuvaluan, Michel MALHERBE, 2005.
Parlons kouy, Jacques RONGIER, 2005.
Parlons koulango, Kouakou Appoh Enoc Kra, 2005.
Parlons karatchay-balkar, Saodat DONIYOROVA et Chodiyor DONIYOROV, 2005.
Parlons slovène, Mojca SCHLAMBERGER BREZAR, Vladimir POGACNIK et Gregor PERKO, 2005.
Parlons mashi, Constantin BASHI MURHI-ORHAKUBE, 2005.
Parlons massaï, Grace MESOPIRR SICARD et Michel MALHERBE, 2005.
Parlons vili, Gervais LOËMBE, 2005.
Parlons ciyawo, P. J. KISHINDO et A. L. LIPENGA, 2005.
Parlons afrikaans, Jaco ALANT, 2004.
Parlons Ewé, Jacques RONGIER, 2004.

Dominique Stich

PARLONS ROMANCHE

La quatrième langue officielle de la Suisse

Le romanche-grison et les variétés romanches

L'Harmattan

Du même auteur

chez L'Harmattan :
Parlons francoprovençal, une langue méconnue, 1998.
Parlons schwytzertütsch, le suisse-alémanique, 2002.

Aux Éditions Le Carré (Thonon-les-Bains) :
Dictionnaire francoprovençal-français et français-francoprovençal, 2003.

Aux Editions Yoran Embanner (Le Fouesnant) :
Mini-dico savoyard-français & français savoyard (avec Alain Favre), 2004.
Mini-dico rumantsch-franzos & français-romanche, 2005.
Wörterbüchlein rumantsch-tudestg & deutsch-romanisch, 2005.

Aux Edition Casterman :
L'Afére Pecârd (L'Affaire Tournesol en arpitan/francoprovençal), les Aventures de Tintin, Hergé, 2007.

5-7, rue de l'École-Polytechnique ; 75005 Paris

http://www.librairieharmattan.com
diffusion.harmattan@wanadoo.fr
harmattan1@wanadoo.fr

ISBN : 978-2-296-03416-7
EAN : 9782296034167

Introduction

Les Suisses sont très attachés à leurs quatre langues, c'est même une caractéristique helvétique. Mais cela ne signifie pas obligatoirement qu'ils les connaissent bien. Si le romanche, certes, est aimé, il est mal connu. C'est particulièrement vrai des francophones, qu'ils soient suisses ou non, et c'est donc à eux que s'adresse cet ouvrage. Comme certains aspects cantonaux et même fédéraux sont méconnus à l'Étranger, il a semblé nécessaire de donner quelques explications spécifiques, que bien sûr les Suisses romands pourront juger superflues.

Le romanche est difficile à aborder, bien qu'il existe déjà plusieurs ouvrages récents en français le concernant. Mais aucun d'entre eux ne présente la langue comme on le fait habituellement : une forme *standardisée*, une orthographe unique, les règles de base de la grammaire, les bases indispensables et rassurantes pour aborder ce que les linguistes désignent comme une certaine *vision du monde*.
Jusqu'en 1982, on se trouvait face à cinq variétés, insérées dans trois groupes : le Ladin (ou Engadinois), le Sursilvan et le Grison central. On devait alors commencer obligatoirement par l'une d'entre elles, avec des règles souvent difficiles, puis éventuellement aborder une seconde avec quelquefois une autre orthographe, d'autres règles, d'autres mots...
Depuis cette date, il existe le **romanche-grison**, une forme standardisée, un compromis entre les variétés, légèrement simplifié par rapport à elles.
Mais rien n'est simple dans le canton des Grisons, berceau du romanche : deux religions, trois langues officielles, absence d'une réelle *identité romanche*, importance des langues des touristes, des travailleurs immigrés et saisonniers, tout cela dans le canton le moins densément peuplé de la Suisse. Dire alors que le romanche-grison n'a pas été immédiatement accueilli avec enthousiasme est un euphémisme.
Pourtant, afin de lui permettre d'accéder au statut de quatrième langue officielle de la Suisse, personne n'accepterait de voir une autre variété existante que la sienne. Bien peu de personnes seraient prêtes à apprendre les trois grandes variétés, même pour s'installer dans le canton. Et rejeter la seule forme pan-romanche, est-ce le meilleur

moyen de sauver une langue de soixante mille locuteurs, minoritaires dans leur propre Canton et représentant à peine un pour cent de la population suisse ?
Voilà pourquoi c'est le romanche-grison qui est présenté prioritairement dans cet ouvrage. Mais les variétés ne sont pas oubliées, comme on pourra le voir dans la présentation en deux parties de certaines pages et avec certains textes.

Un dernier mot. Bien qu'il y ait plusieurs spécialistes de cette langue, il a été bien difficile de trouver quelqu'un pour réaliser le présent ouvrage. C'est à la suite de la défection d'autres personnes sûrement mieux qualifiées que j'ai été amené à me lancer dans cette aventure. La passion que j'éprouve pour les langues peu connues, en particulier celles de la Suisse, mon pays natal, ainsi que l'aide de plusieurs personnes aussi passionnées que moi, ont tout de même permis la réalisation de ce *Parlons romanche*. Avec ses imperfections et ses limites il devrait cependant, je l'espère, faire découvrir cette langue étonnante qui a une place bien particulière au sein des langues romanes.
Que ces personnes qui m'ont aidé trouvent ici mes sincères remerciements.

Chapitre I :
LA SUISSE ET LES GRISONS

Géographie

La superficie de la Suisse est de 40.000 km², soit un douzième de celle de la France. Sa population est d'environ sept millions d'habitants, soit le huitième de la population française ; on dénombre environ un million d'étrangers. Elle est surpeuplée dans les plaines et les basses vallées, sous-peuplée dans les montagnes et les hautes vallées, voire déserte sur un bon quart du territoire (montagnes, lacs, cours d'eau, glaciers, forêts).

Le point culminant du pays est le Monte Rosa (4638 m), mais on trouve 25 pics de plus de 4000 m, plus de 60 entre 3 et 4000 m. Au total près de 300 sommets ont plus de 1000 m. La Suisse est la source de plusieurs fleuves et rivières importants : le Rhin, qui se jette dans la mer du Nord, le Rhône, dans la Méditerranée, le Tessin, affluent du Pô, tributaire de l'Adriatique, et l'Inn, affluent du Danube qui se jette dans la Mer Noire. Les deux plus grands lacs –frontaliers– sont bien connus : le lac Léman (581 km²) et le lac de Constance (537 km²), mais sur les 600 lacs suisses vingt-cinq ont au moins un km².

La Suisse, qui autrefois vivait du commerce, du mercenariat et, plus pauvrement, de l'agriculture, a su se développer dans l'industrie, chimique et de précision en particulier, dans les services (banques, assurances...) et le tourisme.

La Confédération est constituées de 23 cantons, dont 3 formés de 2 demi-cantons (Bâle, Unterwalden et Appenzel). Sa capitale fédérale est Berne (environ 250.000 habitants) dans un canton qui en compte plus d'un million. Chaque (demi-)canton est un État, avec son parlement et ses propres institutions. Seuls certains domaines sont du ressort fédéral : l'armée, la poste, les Affaires étrangères… La plus grande ville est Zürich (un demi-million d'habitants), son canton dépasse aussi le million.

La religion des citoyens helvétiques se répartit à peu près à égalité entre les catholiques et les protestants, les juifs représentent 0,2 %. L'islam y est apparu avec l'arrivée des immigrés, turcs, yougoslaves et albanais en particulier. Les frontières religieuses ne coïncident pas avec les frontières linguistiques. Si la Suisse romande peut paraître protestante (le picard Calvin s'est installé à Genève en 1536), les cantons de Fribourg et du Valais sont catholiques, et si la Suisse

alémanique peut parfois donner l'impression d'être catholique, Zürich et Berne sont majoritairement protestants.
Les quatre langues officielles de la Suisse sont l'allemand (environ les trois quarts des citoyens), le français (environ un cinquième), l'italien (un vingtième) et le romanche (un centième). De nombreuses autres langues sont arrivées en Suisse avec l'immigration, mais elles n'ont pas de statut légal. L'anglais est cependant très présent, cela est particulièrement évident sur les panneaux publicitaires dans les grandes villes, par exemple.
Un mot symbolique de la situation linguistique en Suisse est le mot latin LARIX, LARICIS "mélèze", probablement d'origine celto-alpine, que l'on retrouve en allemand et alémanique ***Lärche***, en langue valaisanne ***larze***, en italien ***larice*** et en romanche ***laresch.***
L'apprentissage de langues fédérales autres que sa langue maternelle n'est pas sans poser de réels problèmes aujourd'hui, et là encore c'est la langue anglaise qui sert souvent d'intermédiaire entre locuteurs de langues différentes. D'ailleurs, nous verrons plus loin que ce ne sont pas toujours les langues dites "officielles" qui sont utilisées dans la vie de tous les jours.

On fait remonter la fondation de la Confédération Helvétique à l'alliance passée entre les cantons primitifs Uri, Schwytz et Unterwald au début d'août 1291 ; ce qui explique que la Fête Nationale soit célébrée le 1er août.

Le **Canton des Grisons** est le plus vaste de la Suisse, mais aussi le moins densément peuplé, il comporte environ cent quatre-vingt mille habitants. Avec cinq autres cantons il est entré dans Confédération le 19 février 1803. Son chef-lieu est Coire, avec environ quarante mille âmes. La religion majoritaire des citoyens est le protestantisme, mais outre d'importantes parties (surtout au centre et à l'ouest) qui sont de confession catholique, la présence des étrangers a modifié la situation dans certaines régions surtout touristiques au profit de cette dernière.
Le Canton, autrefois très pauvre, a su tirer avantage de son altitude et de son climat sec et ensoleillé pour proposer un tourisme d'hiver et d'été. Plus des deux tiers du canton étant situés à plus de 1800 m, on est assuré d'y trouver l'hiver de la neige et l'été du soleil, mais sans trop de canicule, grâce à son altitude.

L'industrie s'est développée dans les vallées et autour de la capitale.
C'est le pays des sources du Rhin, avec le Rhin antérieur, rectiligne et de même orientation que la vallée du Rhône valaisan, et le Rhin postérieur qui vient du sud. En outre, il participe avec la haute vallée de l'Inn (Engadine) au bassin du Danube et avec le val Müstair au bassin de l'Adige.
Les Grisons représentent une situtation tout à fait particulière : c'est une région difficilement accessible de l'extérieur, mais beaucoup plus facile de communication à l'intérieur. Les anciennes vallées glacières sont très larges, permettant la formation de nombreux lacs, et le développement des agglomérations sur le versant exposé au soleil. Ceci explique par exemple la longueur exceptionnelle de la ville de Tavau (Davos), avec ses 4 kilomètres et ses deux gares. La vie y est relativement rude, avec de longs mois d'enneigement, mais aussi un ensoleillement plus important que dans les régions situées à plus basse altitude. Le tourisme, tout d'abord national qui lui a valu son surnom de *coin de vacances de la Suisse*, a apporté un enrichissement inattendu à cette région relativement sauvage, et le développement de localités telles que Tavau déjà cité, Arosa, Puntraschigna (Pontrésina) et surtout San Murezzan (Saint-Moritz[1]) a haussé ces hautes vallées à une renommée mondiale.
C'est, pour le touriste, le canton le plus favorable au dépaysement. Outre le maintien de ses traditions et de ses langues, comme nous allons le voir, il s'est toujours plu à conserver ses particularismes, que permet la démocratie locale en Suisse. Ainsi, les citoyens des Grisons, par voie de référendum, se sont longtemps opposés à toute circulation automobile. Après une période où le gouvernement cantonal crut pouvoir transiger sur la base d'un compromis cocasse (les véhicules à moteur devaient circuler en traction hippomobile !), le magnifique réseau de routes de montagne ne fut entièrement ouvert aux automobilistes qu'en 1927.

[1] Au point que la ville a dû déposer son toponyme pour éviter la multiplication des utilisations de son nom comme marque pour quantité d'objets.

Histoire

Le canton des Grisons correspond aux régions les plus montagneuses de l'ancienne Rhétie. Il semble que les Rhètes n'étaient pas des Celtes, ils occupaient non seulement la plus grande partie des Grisons et la Suisse orientale actuelle, depuis le canton de Glaris jusqu'au lac de Constance, mais aussi le Liechtenstein, le Sud de la Bavière, l'Est de l'Autriche (PUNTINA est encore le nom romanche d'Innsbruck) et le Nord-Est de l'Italie. En Suisse, nous connaissons le nom de trois peuplades : les Calucons en Surselva, les Eniates en Engadine et les Suanètes dans le Surmeir.

Tite-Live, de Padoue, raconte qu'ils sont d'origine étrusque, et qu'ils ont été refoulés par les Celtes de la plaine du Pô pour se réfugier dans les Alpes, conduits par leur chef Rétus, vers le VIe siècle avant J.C. Cette thèse a certainement trouvé un fondement dans leur écriture, qui est étrusque. Elle comportait deux alphabets, l'un vers la gauche, de Rhétie ; l'autre écriture était tenue pour celle de Rétus. Reitia ("bergère" ?) et sa fille Madrisa étaient leurs déesses. Citons une inscription : **RITAM NEHELANU** "Reitia, nous donnons des présents". En l'an 15 avant notre ère, les Rhètes sont soumis par les Romains.

Le latin a ainsi été apporté par les légionnaires et ensuite les fonctionnaires romains après la conquête de la Rhétie et la fondation de la ville de Coire (CURIA RHAETORUM)[1]. D'importants vestiges ont été découverts au lieu-dit **Welschdörfli** à Coire, dont le nom est bien significatif ("village des Romanches").

Le latin s'installe donc en lieu et place du rhétique, avec sa forme **classique** dans les écrits et les discours officiels, dans le parler des élites et des magistrats ; et sa forme populaire plus évoluée, dans les casernes, chez les marchands et le peuple, qu'on appelle le **latin populaire**. Les deux formes sont comprises par tout le monde, un peu comme chez nous aujourd'hui où chacun comprend *se laver à l'eau* et *se débarbouiller avec de la flotte*, même si la plupart d'entre nous n'utilisent que l'une des deux expressions.

Mais dès l'an 260 les Alamans venant de la région Main-Danube commencent à pénétrer en Suisse et détruisent AVENTICUM (Avenches) en Suisse romande et AUGUSTA RAURICA, près de Bâle. Ensuite ce sera le tour des Burgondes (430-50) qui arrivent à l'Ouest.

---

[1] Voir la partie Toponymes, au chapitre VII, page 131.

Bientôt les Francs domineront toute la région. Les Germains en descendant vers le Sud soumettent les populations romanisées, qui soit s'adaptent à la langue et la culture des vainqueurs, soit reculent en direction des sommets alpins où elles demeurent jusqu'à nos jours. L'isolement entre les hauts sommets et les populations germaniques fait évoluer le latin d'une manière quasi indépendante pendant plusieurs siècles pour former une langue originale : le **romanche**. Le même phénomène s'est d'ailleurs produit à l'Est de la Suisse, en Autriche méridionale et en Italie du Nord. Ces divers parlers ont été regroupés sont le nom général de **rhéto-roman** ou **rhéto-frioulan**.
Envahie donc par les Germains au Ve siècle, la région entre dans dans le duché de Souabe. Elle est gouvernée par les évêques de Coire dès 452, qui deviennent princes d'empire en 1170. Mais ceux-ci s'allient aux Habsbourgs, alors que les populations, comme ailleurs en Suisse, y sont opposées. Celles-ci constituent des Ligues, Ligue de la Maison-Dieu (1367), Ligue Grise (1395, qui a donné son nom au canton), Ligue des Dix-Juridictions (1436), qui s'entendent avec les Confédérés (1497-98) et vainquent les Habsbourgs en 1499. Ils rejoignent la Confédération en 1803 avec cinq autres cantons.
La dénomination *Ligue grise*, à l'origine de celle du canton des Grisons, proviendrait peut-être des habits de laine grise des paysans que ces derniers tissaient eux-mêmes, et ce en opposition avec la *Ligue Noire* (Schwarzer Bund) des chevaliers qui portaient des vêtements foncés.

Comme chaque canton helvétique, les Grisons ont leurs armoiries. Elles ont été définitivement établies en 1932 : coupé d'un franc-quartier dextre parti de sable et d'argent (qui représente la *Ligue grise*), d'un franc quartier sénestre écartelé d'azur et d'or avec une croix or sur azur et azur sur or (*Dix-Juridictions*), et d'argent à un bouc de sable sautant à dextre (*Maison-Dieu*). L'écu comprend ainsi les armoiries des trois Ligues, qui n'ont été réunies pour la première fois qu'en 1803. Sur les véhicules immatriculés dans le canton, on trouve donc cet écu et celui de la Suisse, ainsi que l'abréviation du canton : GR.
La présence des drapeaux et armoiries suisses, tant dans les lieux publics que privés, ajoute un cachet particulier et coloré dans toute la Confédération.

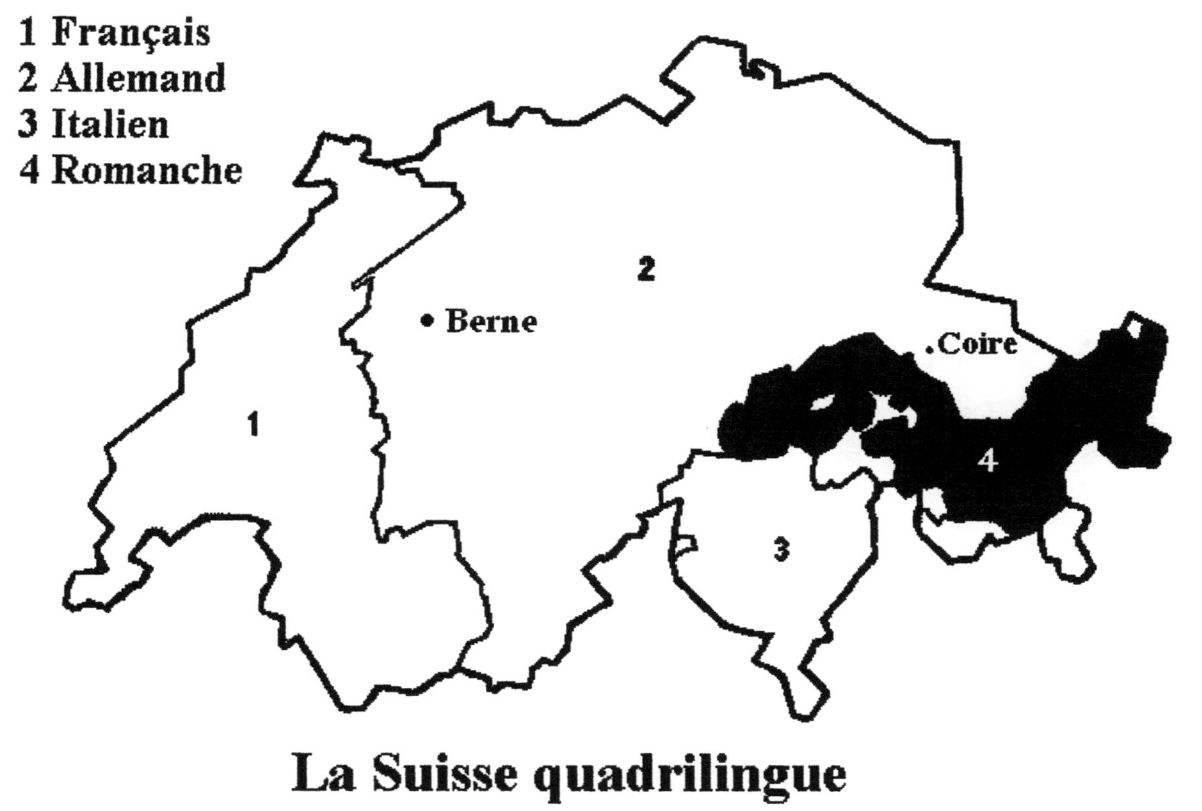

La Suisse quadrilingue

La Suisse est quadrilingue

Cette phrase souvent entendue peut sembler exact. Toutefois, il y aurait quelques petites nuances à y apporter[1]. La Confédération ne reconnaît que les langues *écrites* : l'allemand, le français, l'italien et le romanche-grison.
En Suisse alémanique, on ne parle presque jamais l'allemand –que l'on écrit pourtant– mais le *schwytzertütsch* ou suisse-alémanique.
En Suisse romande, le français s'est imposé, mais à côté de nombreux usagers d'une forme de *français régional* on trouve encore un petit nombre de locuteurs des langues autochtones, le *francoprovençal* (principalement dans les cantons de Fribourg et du Valais, mais aussi de Vaud -région du Jorat-) et le *franc-comtois* qui relève des langues d'oïl (dans le canton du Jura). Dans le canton de Neuchâtel, les derniers locuteurs du francoprovençal se sont éteints vers 1920 ; et malgré sa proximité avec la Savoie encore très "patoisante", il est difficile aujourd'hui de trouver des locuteurs dans le canton de Genève, sauf bien sûr quand il s'agit d'entonner l'hymne national genevois, le célèbre *Cé qu'è lainô*.
Dans le canton du Tessin et les parties Sud du canton des Grisons, à côté de l'italien beaucoup pratiquent encore les *dialectes lombards alpins*.
Enfin, dans les parties romanchophones des Grisons, on parle encore les divers idiomes romanches bien davantage que le romanche-grison.
Par ailleurs, rappelons que la Suisse, sur une population d'environ sept millions d'habitants, accueille en son sein un million d'Étrangers, dont beaucoup ont une langue maternelle fort éloignée des langues fédérales : turc, albanais[2], langues slaves de l'ex-Yougoslavie, etc.

---

[1] Signalons qu'en 1982 un rapport remis au Conseil Fédéral par un groupe d'experts s'intitulait avec un humour bien suisse *La Suisse – **2 langues ½** ? Situation actuelle et avenir du romanche et de l'italien dans les Grisons.* Et récemment une femme politique très attaquée ironisait sur ses adversaires qui auraient probablement voulu qu'elle *sache se taire en quatre langues !*

[2] Par une surprenante fantaisie de l'Histoire, cette langue européenne bien délaissée a récemment, par l'intermédiaire d'enfants réfugiés kosovars, pénétré dans maints établissements scolaires helvétiques, tant et si bien que l'on peut assister à une appropriation par leurs condisciples d'une quantité de mots albanais utilisés un peu à la manière d'un jeu ou d'une mode.

Certains d'entre eux n'y ont appris que l'allemand (Hochdeutsch), ce qui les différencie fortement des autochtones.
Par ailleurs, quand on voyage en Suisse, on peut constater que de nombreux panonceaux (dans les lieux publics, les gares, les trains, les musées) sont effectivement rédigés en quatre langues, mais à côté de l'allemand, du français et de l'italien, la quatrième est... l'anglais ! Langue d'ailleurs fort appréciée des touristes, en particulier des Japonais et d'autres Asiatiques qui viennent nombreux dans ce pays dont ils apprécient les charmes variés.
C'est ainsi qu'en dehors des Grisons il ne faut pas s'attendre pas à trouver beaucoup d'inscriptions en langue romanche, si ce n'est sur les billets de banque fédéraux.
En revanche dans les Grisons, nombreuses sont les maisons qui portent sur leur façade des épigraphes diverses en romanche : poèmes, prières ou simples dénominations. Et sur les routes, des panonceaux souhaitent régulièrement la bienvenue aux visiteurs dans la langue locale.

Chapitre II :
LA LANGUE, SON ORIGINE, SES VARIÉTÉS

Dans le présent ouvrage, le mot **langue** désignera le *romanche-grison*, qui est aujourd'hui la quatrième langue officielle de la Suisse ; et quand nous aborderons l'un ou l'autre parler romanche, nous utiliserons les mots **idiome**, **variété**, ou simplement **parler**.
Le romanche est une langue du groupe rhéto-roman ou rhéto-frioulan, famille qui comporte les parlers romanches des Grisons, le ladin des Dolomites, les parlers du Frioul et les petit îlots intermédiaires que sont le cadorique et le comélique. Ce regroupement est assez récent (par Theodor Gartner en 1883), et il a été quelque peu contesté. Certains ont estimé qu'on avait réuni des parlers que l'on ne pouvait pas classer ailleurs. Ce qui n'a pas empêché des linguistes italiens, en particulier pendant la période fasciste, de tenter au contraire de les rattacher aux parlers du Nord de l'Italie.

Pour faciliter l'accès à cette langue peu connue des francophones et relativement diversifiée, nous traiterons d'abord de la forme officielle (romanche-grison, **RG**), et *dans la moitié inférieure des pages* seront données les formes de deux grands idiomes, à gauche le **ladin** (ou engadinois), à droite le **sursilvan**. Quelquefois ces deux variétés seront présentées l'une en dessous de l'autre pour des raisons de commodité, mais toujours le ladin en premier. Celui-ci permet en effet de mieux saisir certaines évolutions phonétiques propres au sursilvan dans le système des voyelles.
Dans la partie proprement phonétique, d'autres parlers seront évoqués, et l'on trouvera l'ordre suivant, dont l'abréviation est donnée entre parenthèses :
vallader (**V**), puter (**P**), surmiran (**M**), sutsilvan (**T**), sursilvan (**S**).
Souvent une seule forme sera donnée pour le vallader et le puter, qui forment tous les deux le *ladin* (**L**). En revanche, le *sutsilvan* étant très dialectalisé, on pourra trouver plusieurs formes assez différentes.

Le **romanche**, ou rhéto-roman, n'est pas parlé partout dans les Grisons. Le canton est majoritairement germanophone, de plus l'italien y est parlé dans les trois parties les plus méridionales, ce qui fait des Grisons le seul canton trilingue de la Confédération. A Coire on parlait romanche au Moyen Âge, mais aujourd'hui les locuteurs n'y sont que quelques milliers, soit peut-être un cinquième des habitants. Seules quelques vallées conservent bien vivant l'héritage linguistique de ces irréductibles romanisants. Mais si leur idiome est encore utilisé dans toutes les circonstances de la vie courante (administrations, banques, magasins, et même quelques émissions de la télévision suisse), tout le monde à présent est bilingue : l'allemand est utilisé pour l'écrit dès l'école primaire, et le dialecte alémanique, ici moins foncièrement différent de l'allemand standard, est compris et même utilisé par tous dans l'usage oral.

La situation linguistique de **Coire** est particulière. En 1464 la ville, déjà centre principal de la région, fut dévastée par un incendie. Ce furent des ouvriers germanophones qui reconstruisirent la ville, laquelle peu à peu se germanisa complètement. Mais aujourd'hui on y trouve, comme habituellement dans les chefs-lieux, des habitants venus de toutes les régions du Canton, soit pour les romanchophones un quart ou un cinquième de la population. Comme ils ne parlent pas tous le même idiome, on a créé dans la ville des classes bilingues en *romanche-grison*, qui permettent ainsi aux élèves de ne pas être coupés de leurs origines romanches.

Si vous savez l'allemand, vous avez peut-être entendu l'expression peu obligeante de *Kauderwelsch* qui signifie à peu près "baragouin, charabia". Ce mot est une altération de *Kauerwelsch*, c'est-à-dire le "parler roman (*Welsch*) de Coire" (*Kauer* dans certains parlers germaniques à l'Est de la Suisse, –toutefois en Suisse alémanique "Coire" se dit *Chur* [xu:r]).
Cette expression désigne donc le romanche parlé autrefois à Coire, incompréhensible pour les germanophones voisins.

Au petit nombre des locuteurs (60.000 environ, dont un tiers expatrié dans les autres cantons) s'ajoute une autre menace : la diversité dialectale. Si l'on prend les deux variétés les mieux cernées et les plus parlées, **l'engadinois** (ou **ladin**) et le **sursilvan**, on réalise vite qu'on a affaire à deux parlers très différents. Avant de voir comment on a cherché à résoudre ce problème, il serait nécessaire de définir ces idiomes les uns par rapport aux autres.

On trouve à l'Ouest le **Sursilvan**, dans la vallée du Rhin antérieur.
Au Centre se situe ce qu'on appelle le *grison central*, composé du **Surmiran** et du **Sutsilvan** : Mantogna (all. *Heinzenberg*), Tumleastga (all. *Domleschg*) et Val Schons/Muntogna da Schons (all. *Schams*).
A l'Est enfin on trouve le ladin[1] ou engadinois, composé du **Puter** (haut-engadinois) et du **Vallader** (bas-engadinois et Val Müstair, ce dernier appelé spécifiquement *Jauer*).

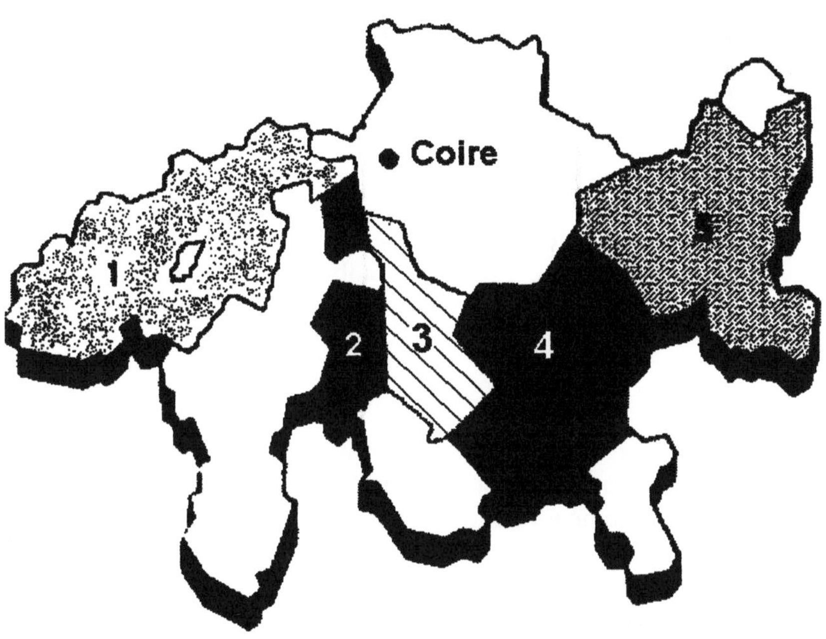

Le Romanche dans le Canton des Grisons
1 Sursilvan, **2** Sutsilvan, **3** Surmiran **4** Puter **5** Vallader
Les parties en blanc sont de langue allemande (au nord, et quelques petites parties sud-ouest), et italienne (les trois parties les plus méridionales).

[1] Le mot **ladin** est une auto-désignation pour les parlers de l'Engadine et des Dolomites. Il ne faut pas le confondre avec l'autre ***ladin*** ou *ladino*, qui est le judéo-espagnol. Ici il ne concernera que les parlers de l'Est (puter ou haut-engadinois, vallader ou bas-engadinois, et parler du Val Müstair). Il dérive bien sûr du mot LATINUS, le 'latin' (c'est-à-dire en fait l'idiome du Latium).

Koinè et graphie supra-dialectale

Avant d'aborder l'histoire du romanche, il convient d'expliquer ces deux notions. Une **koinè** est un ensemble de parlers proches qui finissent par donner une *forme commune*, souvent orale (sans nécessairement que les variétés disparaissent). Cette forme commune peut émerger naturellement, comme le grec de l'époque hellénistique qui a donné justement le mot **koinè** ; mais aussi d'une manière plus ou moins élaborée par la volonté des locuteurs et le travail de spécialistes, comme pour le *romanche-grison* (rumantsch grischun), comme nous le verrons plus loin.

Au contraire, une **graphie supra-dialectale** est une notation de compromis qui respecte les variétés existantes, chaque mot n'ayant qu'une seule forme écrite, mais de manière à ce que chaque locuteur ait la possibilité de reconnaître et donc de prononcer ledit mot dans sa propre variété. La plus prestigieuse est la graphie classique de *l'occitan*, cependant il en existe de nombreuses autres[1], comme pour le *breton*, le *basque*, le *ladin des Dolomites*, le *sutsilvan*, et plus récemment celle que j'ai proposée pour le *francoprovençal*.

Le romanche est parlé dans une dizaine de vallées alpines des Grisons, non loin de la frontière italienne. Les Grisons sont le plus vaste des cantons qui forment l'Etat fédéral suisse ; un Canton est lui-même un Etat, comme un Land allemand ou autrichien.

Ce qu'on appelait au Moyen Âge la Rhétie de Coire faisait partie du Saint-Empire germanique. Les communautés montagnardes se sont peu à peu affranchies du système féodal pour s'organiser en petites républiques autonomes. Au XVIe siècle s'est posée la question de la Réforme. Celle-ci s'est d'abord imposée dans l'Est du pays, la haute vallée de l'Inn (*En* en romanche) ou Engadine, où l'on trouve les premiers ouvrages imprimés en romanche, un catéchisme (éditions de 1552, puis 1571), le Nouveau Testament[2] (1560) et un syllabaire. Rédigés par le juriste Jachiam Bifrun (1506-1572) dans le romanche

---

[1] Mais l'orthographe du français elle-même retranscrit de fait des variations présentes dans les parlers d'oïl : la notation très archaïque de *oi* englobe [wa] et [wɛ], *-eau* note [o] et [jo], ou encore la terminaison de la 3e personne du pluriel *-ent*, où le *-t* final se prononce encore en picard.

[2] Il s'agit de la première traduction de la Bible dans une langue romane.

de Haute-Engadine, il pouvait être compris par les locuteurs des parlers voisins, notamment ceux de Basse-Engadine, et ils se diffusèrent assez rapidement, dans le sillage de la Réforme et de l'instruction publique. En 1562, le pasteur Durich Chiampel (1510-1582), pour répandre également les idées de la Réforme, fit imprimer dans l'idiome de Basse-Engadine le "Cudesch da Psalms" qui comprenait trois parties : les psaumes 1 à 62, en vers romanches pouvant être chantés, ensuite des hymnes, enfin un catéchisme. En effet, de nombreux habitants s'étaient plaints de ne rien avoir à chanter dans leur idiome. Le particularisme local apparaît donc dès l'origine de la littérature romanche.
Ce particularisme local se manifesta à nouveau en 1611, lors de la publication d'un catéchisme et recueil de cantiques du pasteur Steffan Gabriel (1570-1638) dans la variété romanche de la Surselva, la vallée du Rhin inférieur. Gabriel n'était pas originaire de cette région, il était né en Basse-Engadine. Mais après son ordination en 1593, il eut en charge une paroisse de Surselva, dont il apprit la variété, où il se maria, puis, en 1599, il fut élu dans la principale paroisse de la région. On constate donc que dès son origine, le romanche littéraire reflète la division de la Rhétie en petite républiques montagnardes. La variété de "sursilvan" employée par Gabriel resta jusqu'au début du XXe siècle la *koinè* des régions romanches protestantes, non seulement en Surselva, mais aussi dans la vallée du Rhin postérieur.
Pour comprendre l'importance de ces traditions graphiques nées de la Réforme, il faut connaître le rôle du romanche dans le culte réformé, c'est-à-dire celui des Eglises protestantes se réclamant de la Réforme suisse. Ces Eglises ont pratiquement éliminé la tradition liturgique catholique. Le centre du culte est le prêche, le sermon du pasteur, précédé et suivi par des prières dites seulement par lui, et des cantiques chantés par tous. La participation active de l'assemblée se réduit donc au chant dans la langue du peuple ; d'où l'importance des cantiques. Or les principaux recueils de cantiques romanches ont été publiés dans les deux variétés d'Engadine. Le premier du juriste Lurainz Viezel (1661, réédité deux fois au cours du siècle suivant), le deuxième du pasteur Johannes Martinis ex Martinis, parut en 1684, avec trois rééditions au XVIIIe siècle. Mais le plus important est celui de 1765, du pasteur Giovanni Battista Frizzoni, avec réédition en 1840, en usage jusqu'au XXe siècle. Employé dans toute l'Engadine, il contribua à rapprocher les deux parties de cette vallée. Ce sentiment

communautaire fut renforcé par la tradition d'émigration par roulement, de type artisanal ou commercial, en pays catholique (Italie, Autriche) ou protestant luthérien (Prusse, Allemagne).
La situation était différente dans les régions protestantes des vallées du Rhin (antérieur et postérieur), qui avaient adopté la graphie créée par Gabriel. L'émigration y était souvent militaire (comme de nombreux Confédérés pendant des siècles), par exemple vers la Hollande ou la France, ou encore individuelle, par exemple en Amérique après les disettes du début du XIXe siècle. A cette époque, l'intensité du commerce entre l'Allemagne et l'Italie incita les autorités locales à introduire l'école primaire allemande dans la vallée du Rhin postérieur. Le romanche en fut d'autant affaibli. Au début du XXe siècle, la graphie "protestante" des vallées du Rhin fut adaptée à celle que des missionnaires Capucins avaient créée au début du XVIIe siècle dans la partie catholique de Surselva, vallée du Rhin antérieur. En d'autres termes, pendant trois siècles coexistèrent en Surselva une graphie catholique et une graphie protestante. Le "sursilvan catholique" n'était pas employé dans la liturgie, réservée au latin, mais pour quelques chants répartis pendant la messe, et d'autres occasions comme les pèlerinages. En 1690 fut publié un recueil romanche de cantiques catholiques élaboré par les Bénédictins de la région. Réédité dix fois jusqu'en 1945, il est devenu le recueil de cantiques par excellence des catholiques romanches.
Autour de 1930, le romanche perdait du terrain au profit de l'allemand. L'on se servait alors de trois variétés bien codifiées de graphies romanches, employées par les autorités municipales et par de petits hebdomadaires locaux :
– le sursilvan, avec presque la moitié des locuteurs ;
– les deux variétés engadinoises, celle de Haute-Engadine, plus prestigieuse grâce aux cantiques de Frizzoni, mais en grande perte de vitesse, et celle de Basse-Engadine qui gagnait du terrain.
Entre les deux se trouvent les Grisons centraux, c'est-à-dire les vallées du Rhin postérieur et de ses affluents. La mode étant alors au particularisme régional, on développa au milieu du XXe siècle deux variétés graphiques. La plus importante des deux, le *surmiran*, remplaça le sursilvan dans la vie scolaire et officielle de deux vallées ; cette évolution se fit sans bruit. L'autre concerne la vallée du Rhin postérieur, où le romanche vivotait mais où les écoles étaient germanisées. L'élaboration d'un système graphique, le *sutsilvan*, fut

plus difficile et ne donna point les résultats espérés. Le sursilvan était jugé inutile et trop éloigné des parlers locaux, mais il n'existait pour ainsi dire aucune tradition graphique dans cette vallée. L'association culturelle romanche "Lia rumantscha" engagea alors en 1943 le linguiste romaniste Giuseppe Tommaso Gangale (1898-1978), Calabrais d'origine albanaise et lecteur de romanche à l'Université de Copenhague. Gangale, assisté des enseignants de la région, mit au point en 1944 une graphie de compromis entre les trois vallées. Cette graphie, extrêmement logique et fonctionnelle, est toujours employée, mais pratiquement dans une seule des trois vallées ; dans les deux autres, on n'a pu freiner la germanisation. C'est une graphie supra-dialectale, c'est-à-dire que certaines lettres ou certains groupes de lettres se prononcent différemment selon la vallée ou le territoire[1].

Le pont entre les régions (1982)

Peu à peu les relations entre les différentes vallées s'intensifièrent. La radio joua un rôle décisif en organisant des discussions entre Romanches de dialectes différents[2]; ils s'aperçurent alors qu'ils se comprenaient sans peine, sans avoir à passer par l'allemand. Mais l'absence d'une *koinè* pan-romanche faisait obstacle à l'élaboration de

---

[1] Voici les prononciations régionales du Sutsilvan :

notation	*Tumleastga*	*Mantogna*	*Schons*	*exemple*
ain	ain	ein	ain	**sainza**
ieu	eu	ö	ia, ea	**durmieu, tgieu**
ieus	eu	ö(s)	ias, eas, is	**mieus, tgieus, ieus**
agn	aign	eign	aign	**nu nagn**
àn	aun	öng	ang	**pàn**
ùn	eun	üng	ung	**stizùn**
meing	maintg	meign	mentg	**malameing**
maint	maint	meint	maint	**tgeasamaint**
ò	au	o	o	**bòld**
ou	eu	ö	au	**jou, giou**
aitg	etg	atg	atg	**maitg**
ùa	eua	eua	ua	**cùa**

[2] On trouve une situation comparable dans la partie germanophone de la Suisse, où les variétés de suisse-alémanique ou *schwytzertütsch*, qui peuvent présenter de notables différences entre elles mais sont peu écrites, ont trouvé un terrain d'intercompréhension qui tend à faire émerger naturellement, dans les grandes villes comme Zurich, Berne ou Bâle, des idiomes de compromis.

textes écrits dès lors qu'il en fallait un seul. La Suisse avait bien quatre langues nationales, mais seulement trois langues officielles : l'allemand, le français et l'italien, dans lesquelles sont rédigés la Constitution, les lois, les règlements, les livres scolaires... On voulait certes y ajouter le romanche, mais laquelle des cinq variétés choisir ? Le problème était d'autant plus difficile que le romanche ne cessait de perdre du terrain.
En 1982, l'association culturelle "Lia rumantscha", reconnue d'utilité publique pour la promotion de la langue, chargea un excellent connaisseur des parlers romanches d'élaborer un romanche synthétique ou de compromis, compréhensible du public des différentes vallées[1]. Il s'agissait de Heinrich Schmid (1921-1999), germanophone et donc dialectalement neutre, professeur retraité de linguistique romane à l'Université de Zurich. Il créa donc en 1982 le "rumantsch grischun" (RG) en se basant sur les trois principales variétés codifiées, à savoir, de l'est à l'ouest, le *vallader* (Basse-Engadine), le *surmiran* et le *sursilvan*. Le RG se base sur le principe de majorité, c'est-à-dire qu'il choisit le plus possible la forme écrite commune à au moins deux de ces trois variétés ; ce principe de base vaut aussi bien pour la phonétique et la morphologie que pour la syntaxe[2]. Des exemples seront donnés plus loin.

L'évolution depuis 1982

L'usage du RG se répandit vite au niveau des organisations. Ainsi les autorités fédérales n'ont pas tardé à publier des textes et brochures en RG. Paradoxalement, en 1991-1992, certains milieux romanches s'y opposèrent par une pétition. Mais un sondage effectué en 1994-95 montra que la majorité des Romanches soutenait le principe d'une *koinè* unique, et qu'une majorité à l'intérieur de cette majorité préférait le RG. En 1996, le peuple grison et le peuple suisse approuvèrent une révision de la Constitution fédérale faisant du romanche une langue

---

[1] Il faut signaler une première tentative de compromis qui avait été présentée par Leza Uffer dans les années 1960-70 sous le nom d'**interromanche**.

[2] Mais une priorité est donnée à l'analytique plutôt qu'au synthétique, c'est-à-dire que l'on détaille le plus possible chaque mot, même si dans certains idiomes ceux-ci sont agglomérés dans des formes inanalysables, un peu comme en français on écrit "celui-là, je ne sais pas" même si on prononce souvent "suila, chépa".

partiellement officielle des Autorités fédérales dans leurs rapports avec les citoyens romanches. Il était clair qu'elles ne pourraient se servir que d'une seule variété du romanche, justement le RG. Cette révision constitutionnelle ne fut donc possible que grâce à l'existence du RG. Le canton des Grisons ne tarda pas à déclarer le RG seule forme officielle de romanche, étant bien entendu que les citoyens pouvaient employer celle qu'ils voulaient. Depuis 1997, il existe un journal romanche, "La Quotidiana", qui sort cinq fois par semaine, du lundi au vendredi. Il est lu surtout en Surselva et n'est pas parvenu à s'implanter en Engadine, où l'on préfère un journal local en allemand qui sort trois fois par semaine avec deux ou trois pages romanches. "La Quotidiana" publie des articles aussi bien en RG que dans les cinq variétés régionales. Elle a certainement contribué à familiariser le public sursilvan avec elles et avec le RG.

Perspectives d'avenir

En 2003, le canton des Grisons se trouva confronté à une situation financière qui nécessitait l'adoption d'un certain nombre de mesures d'économie. L'Administration cantonale en dressa plus d'une centaine, et ces mesures furent votées par le parlement sans la moindre opposition. Or, l'une de ces mesures prévoyait que le Canton ne publierait plus de manuels scolaires dans les variétés régionales romanches, mais seulement en RG. Certains, un peu tard, s'en rendirent compte et élevèrent des protestations indignées, mais dans un sens constructif : on exigea du gouvernement cantonal qu'il élabore un calendrier précis pour l'introduction progressive du RG à l'école. Le gouvernement s'exécuta. Le calendrier prévoit de commencer par des groupes de communes pilotes volontaires. Toute une vallée de 6 communes et quelque 1700 habitants s'est proposée, le Val Müstair, très isolé du reste, orienté vers la vallée de l'Adige dans le Tyrol du Sud. L'on attend une décision semblable du territoire surmiran, où le romanche régional n'est pas enraciné très profondément, et où la plupart des communes s'y sont prononcées en faveur du RG. Des communes de Surselva ont déjà annoncé leur intérêt.

En Engadine, en revanche, le RG est moins répandu, puisqu'on n'y lit guère "La Quotidiana". Les deux variétés régionales (vallader et puter) y jouissent d'un certain prestige, dû à leur usage liturgique (protestant) remontant au XVIe. Mais presque tous les villages de Haute-Engadine sont germanisés, avec de plus une forte proportion

d'immigrés (souvent catholiques) travaillant dans l'hôtellerie et le tourisme des grandes stations comme San Murezzan (Saint-Moritz), Segl (Sils) ou Puntraschigna (Pontrésina). Le romanche n'y survit donc plus guère qu'à l'école. Et pourtant, plusieurs communes d'Engadine envisagent une action judiciaire commune, remettant en question le droit du Canton de ne plus éditer de manuel scolaire en romanche régional. Cela montre à quel point des facteurs irrationnels[1] peuvent entraver une opération de planification linguistique destinée à renforcer une langue menacée.
Le RG a encore des chances solides, mais il serait dommage qu'il échoue par la faute des intéressés eux-mêmes.

(*d'après une conférence donnée en 2006 par* Guiu Sobiela-Caanitz)

---

[1] Rappelons-nous le tollé d'un petit nombre lors de la réforme orthographique du français en 1990, et les diatribes contre le rétablissement de la graphie classique et étymologique de *nénufar*, orthographe qu'on trouve encore chez Proust.
Cette prudente réforme, acceptée et adoptée par l'Académie Française et tous les dictionnaires aujourd'hui, est d'ailleurs tombée au plus mauvais moment, celui de la première guerre d'Irak, pour laquelle l'Opposition avait été obligée de soutenir le gouvernement Rocard. Or pour exister, une opposition doit s'opposer, et elle n'avait alors à se mettre sous la dent que cette timide réforme, contre laquelle –on s'en souvient– elle s'est déchaînée. Un méfait inattendu de l'action conjuguée de la politique politicienne et de Saddam Hussein !
Tout ceci illustre bien comme il est difficile d'être objectif et impartial quand il s'agit de sa propre langue.

Qu'est-ce qu'une langue ?

Rappelons d'abord qu'*il n'existe aucune définition linguistique de ce qu'est une langue*. Chaque être humain parle un idiome qui lui est propre (vocabulaire lié à son expérience de vie, tics de langage, prononciation pouvant évoluer durant son existence, etc.), appelé *idiolecte*. La définition d'une langue relève en fait du social. C'est une communauté, un pouvoir, un Etat qui décide si tel parler est une langue, officielle ou non, ou bien un dialecte, à rattacher, plus ou moins arbitrairement, à telle langue.

Prenons le cas de l'occitan : parlé dans toute la moitié Sud de la France, il a été la première langue vivante d'Europe au Moyen Âge en tant que langue de prestige et langue des troubadours. Considéré ensuite comme un "patois", puis au milieu du XXe comme une langue régionale, il est reconnu pourtant, dans une partie de l'Italie et de l'Espagne, comme langue co-officielle. Alors que la France, son berceau, qui regroupe 95 % de ses locuteurs, lui refuse obstinément ce statut, malgré le prix Nobel attribué à Frédéric Mistral.

Avec le francoprovençal, la situation est encore pire : pour refuser l'enseignement scolaire de cette langue incontestée, les différents ministres de l'Éducation Nationale osent faire publier dans le Journal Officiel leurs arguments absolument ineptes, et qui plus est complètement contradictoires d'un ministre à l'autre, pendant que l'Italie la reconnaît co-officielle dans huit vallées piémontaises.

Rappelons que la Suisse, pays en dehors de l'Union Européenne, a ratifié en 1997 la Charte Européenne des Langues Régionales et Minorisées, ce que la France, pays pourtant fondateur de l'U.E., refuse encore de faire dix ans plus tard – alors qu'elle l'a imposée aux douze nouveaux États adhérents !

Ainsi, le romanche est une langue nationale suisse depuis 1938 et la quatrième langue (semi-)officielle depuis 1996. Mais linguistiquement on aurait pu envisager, par exemple, de rattacher le ladin de l'Engadine au ladin des Dolomites, et de faire du Sursilvan et des parlers voisins une langue à part entière. Là encore c'est un Etat qui a pris la décision.

Pour ceux qui s'intéressent à la relation linguistique entre le romanche et le ladin des Dolomites, ils trouveront au chapitre XII en annexe une petite liste de mots comparés entre les deux langues.

Situation linguistique des Grisons

Cette article, paru dans Rumantsch, Facts & Figures (*voir la bibliographie*), *se trouve dans sa version originale en RG dans la partie* ***textes*** *au chapitre X, page 149.*

Le Canton des Grisons est le seul canton de la Suisse à avoir trois langues officielles. A cela s'ajoutent les nombreuses langues des touristes, des travailleurs étrangers et des immigrés. Cela donne une mosaïque linguistique fort complexe.
La Constitution cantonale reconnaît depuis 1880-1892 l'allemand, le romanche et l'italien comme langues officielles du canton. Mais ni la Constitution cantonale ni une loi quelconque ne définissent les territoires linguistiques. Ceux-ci sont au contraire le résultat de la pratique – souvent fluctuante – des différentes communes qui déterminent de manière autonome la langue de l'école et la langue administrative.

Romanche : Le territoire traditionnel du romanche comporte cinq régions linguistiques. La *Surselva* forme un grand bloc au nord-ouest des Grisons. Le *Grison central* comporte une partie de la *Tumleastga*, du *Val*[1] *Schons*, du *Surmeir* et du *Val d'Alvra*. L'*Engadine* et le *Val Müstair* forment le territoire sud-est de l'aire romanche.

Italien : Les quatre vallées méridionales des Grisons, le *Calanca*, le *Mesocco*, la *Bregaglia* et le *Poschiavo* sont de langues italiennes. Elles sont en partie orientées culturellement vers leurs voisins méridionaux, le Tessin et l'Italie.

Allemand : Le territoire alémanique comprend les hautes vallées colonisées par les Walsers[2] :

---

[1] En romanche le mot **val** "vallée" est resté féminin comme en latin (cf. le toponyme français *Laval*), mais dans les traductions françaises il semble préférable d'utiliser le genre masculin.

[2] Les Walsers étaient des colons alémaniques du Haut-Valais qui se sont installés au Moyen Âge dans certaines vallées des Grisons et dans d'autres régions alpines.

- *Valragn* (Rheinwald)[1], *Val S. Pieder* (Vals), *Stussavgia* (Safien), *Avras* (Avers), *Scanvetg* (Schanfigg), *Partenz* (Prättigau) et *Tavau* (Davos);
- l'enclave (ou "exclave") de *Sursaissa* (Obersaxen);
- le *Val dal Rain Grischuna* (Bündner Rheintal), la plus grande part de la *Tumleastga* (Domleschg), des parties du *Val Schons* (Schams) et le *Samignun* (Samnaun, germanisé à partir du Tyrol).
De plus de plus de communes de l'aire romanche voient passer leur majorité linguistique du romanche à l'allemand.

Vers 1850 le romanche était la langue majoritaire des Grisons. Si l'on compare les chiffres des recensements de 1880 avec ceux de 1980, 1990 et 2000, on peut constater une progression constante de l'allemand en chiffres absolus et en chiffres relatifs (de 46 % à plus de 84 %). L'italien montre une progression irrégulière en chiffres absolus. Le romanche enfin, en tant que langue préférée, a diminué massivement, passant de 40 % en 1880 à 14,5 % en 2000[2].

Le territoire linguistique romanche
Le territoire romanche comporte les régions du Rhin Antérieur (Surselva), une partie des régions du Rhin Postérieur (Sutselva), le Surses et le Val d'Avras (Surmeir), la Haute-Engadine, la Basse-Engadine et le Val Müstair. Chacune de ces régions possède son propre idiome. Si les cinq variétés servent comme langues romanches écrites, elles ne peuvent cependant pas, et de beaucoup, représenter la diversité des dialectes locaux qui font du territoire romanche un "microcosme irritant".

Depuis 1982, il existe avec le *romanche-grison* une langue écrite suprarégionale, déclarée en 1996 officielle pour l'usage administratif et juridique au niveau cantonal et fédéral.
(*Fin de l'article*)

---

[1] Les noms entre parenthèses sont les dénominations allemandes.
[2] Même si le chiffre absolu des locuteurs (qui utilisent *de préférence* ou *souvent* le romanche) a légèrement augmenté, car entre-temps la population totale du canton a doublé.

Les romanchophones représentent soixante mille locuteurs dans l'ensemble de la Suisse, dont les deux tiers sont domiciliés dans le canton des Grisons.

Tous sont naturellement très attachés à leur langue, mais ils désignent par là l'idiome local, et non l'ensemble des variétés. En effet, il n'existe malheureusement pas de réel sentiment d'identité romanche, et les locuteurs de parlers différents, en particulier s'ils sont éloignés (Sursilvan et Ladin, par exemple), ont de grandes difficultés à se comprendre entre eux, alors que s'ils passent à l'allemand la communication devient tout de suite aisée. D'ailleurs de nombreux mots et expressions allemands viennent spontanément à la bouche des romanchophones, avec une tolérance qui étonnerait plus d'un francophone. Ce sont les mutations économiques, en particulier le tourisme mais aussi d'autres facteurs (dont la télévision), qui ont considérablement affaibli l'usage et la compétence linguistiques des romanchophones depuis un demi-siècle. Près d'un locuteur marié sur deux a un conjoint qui parle une autre langue, et l'immigration pour raisons professionnelles ne se voit plus obligée d'apprendre le romanche (et lequel ?) pour s'intégrer linguistiquement dans ces régions.

Ce qu'il manque au romanche, c'est un *centre économique et culturel* sur son territoire, qui est tout entier et pourtant minoritaire à l'intérieur du canton des Grisons. De plus, celui-ci subit une forte dépendance vis-à-vis de la Suisse alémanique, laquelle n'a cessé de se développer et représente les trois quarts de la population helvétique.

Mais rien n'est perdu, avec la création du romanche-grison, les soutiens financiers de la Confédération dans les domaines de l'école (où l'enseignement peut être bilingue ou à prédominance romanche), l'édition et la culture romanche, l'augmentation des émissions de radio et de télévision, la promotion d'une presse ("La Quotidiana"), les rencontres interromanches... Toutes ces innovations – d'ailleurs à peine envisageables il y a trente ans – dans un pays décentralisé et à forte tradition multilingue, peuvent amener la langue romanche à un tournant décisif, à une renaissance qu'elle semble commencer à atteindre et que d'autres langues ont connu ailleurs, comme le catalan en Espagne, par exemple. Il ne faut pas sous-estimer les bonnes volontés et le travail patient et durable de certaines personnes et certains organismes.

Chapitre III

ORTHOGRAPHE ET PHONÉTIQUE

Les correspondances entre les deux permettront de mieux suivre ensuite la partie désignée **Évolutions phonétiques**.

Les voyelles (il n'y a pas de voyelles nasales) :

e [e] comme en français ***été, rosée*** ; accentuée elle peut être longue ou brève ;

[ɛ] comme en français *net, fête* ; accentuée elle peut être longue ou brève ;

[ə] inaccentuée, surtout posttonique, comme en français ***reçu*** ;

a [a] comme en français ***ma***, ***rade*** ; accentuée elle peut être longue ou brève, inaccentuée elle se réalise [ɐ] (entre [ə] et [a]) ;

i [i] comme en français ***il, île*** ; accentuée elle peut être longue ou brève ;

u [u] comme en français ***fou, coude*** ; accentuée elle peut être longue ou brève ;

o [o] comme en français ***côte***, accentuée elle est longue ;

[ɔ] comme en français *motte*, elle est brève.

Selon certains romanchophones, il y aurait opposition entre un [o] long et un [o] bref, de même entre un [ɔ] long et un [ɔ] bref. Cela présente le double inconvénient, d'une part de faire sortir 4 voyelles d'un seul phonème, le Ŏ bref latin (puisque le Ō long est passé le plus souvent à [u], tandis que le Ū long est passé à ü [y], puis [i]), d'autre part de présenter un système phonétique singulièrement ardu (et non visible dans l'orthographe), en contradiction avec le principe d'une *koinè* censée représenter un système légèrement simplifié par rapport à la forte complexité dialectale. Il n'y a d'ailleurs pas de correspondances régulières entre les idiomes sur ce point.

Certaines voyelles portent un accent, en particulier pour différencier certains mots : **letg** "lit" ~ **lètg** "mariage", et pour noter l'accent final dans certains cas : **purtà** "porté", **café** "café".

En ladin, on trouve deux **voyelles** qui n'ont pas été retenues dans le RG :

ü [y] comme dans le français ***tu, vue***, accentuée elle peut être longue ou brève ;

ö [ø] comme dans le français ***peu, heureuse***, accentuée elle peut être longue ou brève.

Dans plusieurs idiomes on trouve non seulement les accents graves et aigus, mais aussi le circonflexe : V **tschêl** "ciel", M **mêl** "miel".

Les semi-voyelles (ne représentent pas une syllabe) :

j [j] comme dans le français *yaourt* et *abeille*, est parfois notée **i** ; on l'appelle communément le **yod**.

[w] comme dans le français ***oui*** et *caoutchouc*, est notée **u**.

Les diphtongues et triphtongues (ne représentent qu'**une** syllabe) :

ie ['iə] diphtongue spécifiquement romanche, accentuée, composée d'un [i] accentué suivi d'un [ə] inaccentué (allemand **siehe**) ;

au [aw] composée d'un [a] suivi d'un [w], semi-voyelle ;

ai [aj] comme dans le français *travail* ;

ui [uj] comme dans le français ***mouille*** ;

ieu [jew] ou [jɛw] comme dans le français ***pied*** suivi d'un [w].

iu [ju] ou [iw] pour les nombreux mots comme **naziun** "nation".

On trouve quelques mots avec la rare diphtongue **eu** [ew], dans des cas comme **neutral** "neutre", **neuralgia** "névralgie". Cependant elle est plus fréquente dans certains parlers, comme en vallader (**eu** "je").

Les **semi-voyelles** (ou **semi-consonnes**) sont partout les mêmes qu'en RG. La semi-voyelle [ɥ] que l'on entend dans le mot français ***nuit*** ne semble pas avoir été relevée par les dialectologues.

En sursilvan, la diphtongue **au** se réalise [aw] sauf devant nasale, auquel cas elle se prononce [ɛw]. En puter, devant nasale elle se réalise [ɛ:].

Il existe d'autres **diphtongues**, dont certaines dans la plupart des idiomes, mais qui n'ont pas été retenues en RG dans un souci de clarté et de simplicité :

- **ei** [ej] comme dans le français ***réveil*** :
V **eivna** "semaine", P **leiv** "lèvre", M **aveir** "avoir", S **preit** "paroi".
- **ou** [ow] comme en anglais ***show*** :
V **scoula** "école", P **inour** "dehors", M **lour** "leur", T **jou** "je".
- **uo** [wɔ] comme en italien ***uovo*** :
V **raduond**, P **arduond** "rond", S **cuorer** "courir".
- **üe** ['yə] comme dans l'allemand ***Mühe*** :
V **üerdi** "orge", P **müersa** "morsure" (avec différentes réalisations).

Et même quelques triphtongues, qui sont en fait des diphtongues précédés d'un [j] ou d'un [w].

Les consonnes :

b [b] comme en français *beau* ;
c [k] devant **a, o, u**, comme dans le français *corps* ;
[ts] devant **i, e**, comme dans le français *tsé-tsé* ;
ch [tç] devant **a, o**, comme en français entre *tiens* et *caoutchouc* ;
[k] devant **e, i**, comme en français *képi*.
d [d] comme en français *doux* ;
f [f] comme en français *feu* ;
g [g] devant **a, o, u**, comme en français *gare* ;
[dʑ] devant **i, e**, comme en français entre *adieu* et *jazz* ;
gh [g] devant **i, e**, comme dans le français *gui, ghetto* ;
gl [gl] devant **a, e, o, u**, comme dans le français *glace* ;
[ʎ] devant **i** et en finale, comme dans le français *milieu* ;
(de même pour les groupes **glia, glie, glio, gliu**)
gn [ɲ] comme dans le français *signal* ;
h [h] aspiration comme en anglais ou allemand *hat* ;
k [k] comme dans le français *corps, képi* ;
l [l] comme dans le français *livre* ;
m [m] comme dans le français *mont* ;
n [n] comme dans le français *noces* ;
[ŋ] devant **c(h), g, q**, comme dans le français *camping-car* ;
p [p] comme dans le français *père* ;
qu [kw] comme dans le français *équation* ;
r [r] comme en italien ou en espagnol (r *apical* ou *roulé*);
s [s] sauf entre voyelles et devant consonne, comme dans le français *suite, essuie*, de même **ss** ;
[z] entre consonnes et quelquefois à l'initial et après consonne, comme dans le français *rose, zéro* ; noté parfois **s̱**.
[ʃ] devant consonne sourde, comme dans le français *chat* ;
[ʒ] devant consonne sonore, comme dans le français *jeu* ;
sch [ʃ] comme dans le français *chat* ;
s̱ch [ʒ] comme dans le français *jeu* ;
t [t] comme dans le français *temps* ;
tg [tç] toujours comme le **ch** devant **a, o** (voir plus haut);
tsch [tʃ] comme dans le français *tchèque* ;
v [v] comme dans le français *vous* ;
x [ks] toujours comme dans le français *axe* ;
z [ts] comme dans le français *tsé-tsé* ;

Notes : la lettre **k** est très rare, comme en français (**kilo, kiosc**).
La lettre **h** est rarement prononcée, elle l'est surtout dans les interjections et les mots étrangers (**hop** ! **hockey, schah** "échecs").
Le soulignement (ou un point souscrit) au **sch** ne se rencontre que dans certains dictionnaires et certaines grammaires ; on trouve aussi ce marquage à certains **s** seuls pour noter [z] à l'initiale ou après consonne (**sur** "sur", **parsepen** "crèche").
Enfin, la réalisation [ŋ] n'est pas un *phonème* à part entière, mais seulement un variante de position de **n** conditionnée par la consonne suivante (ou alors seulement dans quelques mots étrangers, comme **dancing**). De même [m] devant **f** et **v** : **infinit, inventar**.

Un **phonème** n'est pas un son, mais une *unité phonologique* dans une langue précise, qui se définit à l'intérieur d'un système par rapport aux autres unités. C'est donc un concept abstrait. Il peut avoir des *réalisations* diverses (en français, le phonème **r** se réalise comme apical, "roulé" [r], ou uvulaire, "grasseyé" [ʁ]), et des *variantes* de position (comme pour le [ŋ] romanche, variante du phonème **n**).

Une consonne double (**ll**, **rr**, **tt**, etc.) est prononcée généralement comme une simple, mais la voyelle qui précède est brève. Seules particularités, le groupe **-ss-** [s], qui s'oppose à **-s-** intervocalique [z], et **-cc-** qui se réalise [kts] devant **i**, **e**.
Pour le groupe **sc-** devant **i/e**, il y a hésitation entre [ʃts] (réalisation ladine) et [sts] (réalisation sursilvane) : **scienza, descender.**

Dans certains parlers, on trouve d'autres notations et d'autres consonnes. Ainsi le ladin a-t-il un phonème inconnu des autres idiomes, le **dsch** [dʒ], comme dans le français ***djinn***, mais parfois déjà réduit à **sch** [ʒ].
Voici quelques concordances orthographiques entre le RG, le ladin et les 3 autres variétés (sursilvan, sutsilvan et surmiran), avec la réalisation correspondante :

RG	*ladin*	*STM*	*phonétique*
ch, tg	ch	tg	[tɕ]
stg	s-ch	stg	[ʃtɕ]
tgi, tge	chi, che	tgi, tge	[tɕ]
chi, che	ki, ke	chi, che	[k]

On peut retrouver certaines de ces notations en RG dans les noms propres (toponymes et noms de famille), comme par exemple le groupe **s-ch** pour une localité telle que **S-chanf**. Il en est de même pour les lettres **ü** et **ö** : ainsi on écrit toujours **Val Müstair** pour désigner cette vallée proche de l'Engadine.

Les voyelles et les consonnes peuvent faire l'objet d'un classement, selon leur *mode* ou leur *point* d'articulation.
Pour les **voyelles** et **semi-voyelles** du romanche, on peut présenter le tableau suivant :

	antérieures (ou *palatales*)			***postérieures*** (ou *vélaires*)
aperture	***étirées***	***arrondies***		(*arrondies*)
[semi-voyelles	j			w]
fermées	i	y		u
mi-fermées	e	ø		o
mi-ouvertes	ε			ɔ
ouverte			a	

Pour les **consonnes**, les *points* d'articulation sont les suivants :
- les lèvres, les (consonnes) **labiales** : **p, b, m** ;
- les dents, les **dentales ;** il existe surtout des **labio-dentales**, les dents supérieures sur la lèvre inférieure : **f, v** ;
- le pointe de la langue, les **apicales** : **r** ; il existe aussi des **apico-dentales**, la pointe de la langue touchant l'arrière des dents : **t, d, n** ;
- le palais dur, les **palatales** : **j, ɲ, ʎ**, auxquelles on pourrait adjoindre **tç** et **dʑ** ;
- le palais mou ou voile du palais, les **vélaires** : **k, g, ŋ** ;
- la glotte, les **glottales** : **h** ;
- si l'air passe également par le nez, on a affaire à des **nasales** : **m, n, ɲ, ŋ**.

Les *modes* d'articulation des consonnes sont les suivants :
- si un point du système articulatoire (la bouche et l'arrière-bouche) se ferme, on a affaire à des **occlusives** : **p, t, k, b, d, g** et **m, n, ɲ, ŋ** ;
- s'il y a un frottement dans le système articulatoire, on a affaire à des **fricatives** : **f, v, s, z, ʃ, ʒ, h** ;
- s'il y a fermeture suivie d'un frottement, on a affaire à des **affriquées** : **ts, tç, dʑ, tʃ, dʒ** ;
- si la pointe de la langue (ou la luette) vibre, on a affaire à des **vibrantes** : **r** ;
- si l'air passe des deux côtés de la langue, on a affaire à des **latérales** : **l, ʎ** ;

- si les cordes vocales vibrent, on a affaire à des consonnes **sonores** (**b, d, g, v, z, ʒ, dʑ, dʒ**), sinon on parle de **sourdes** (**p, t, k, f, s, ʃ, h, ts, tç, tʃ**) ; les nasales, vibrantes et latérales sont par nature sonores, et la fricative glottale est par nature sourde (elles ne connaissent donc pas d'opposition sourde/sonore);
- on trouve également des consonnes **sifflantes** (**s, z, ts**) et des **chuitantes** (**ʃ, ʒ, tʃ, dʒ**).

Pour les consonnes, on peut adopter le tableau suivant :

	sourdes	sonores	nasales	
labiales	p	b	m	occlusives
labio-dentales	f	v		fricatives
apicale		r		vibrante
apico-dentales	t	d	n	occlusives
		l		latérale
sifflantes	s	z		fricatives
	ts			affriquée
chuitantes	ʃ	ʒ		fricatives
	tʃ	(dʒ)*		affriquées
palatales			ɲ	occlusive
		ʎ		latérale
	tç	dʑ		affriquées
vélaires	k	g	(ŋ)	occlusives
glottale	h			fricative

*On peut constater, en romanche-grison, que les affriquées sont au nombre de quatre (cinq en ladin), mais avec une forte asymétrie, car on trouve trois sourdes pour une seule sonore (deux en ladin).
Comme en français dans le mot *razzia*, on peut rencontrer [dz] dans quelques mots romanches, comme dans **benzin** [ben'dzin] "essence".

Phénomène très important, les consonnes sonores (**b, v, d, z, ʒ, g**) deviennent toutes sourdes en finale absolue (**p, f, t, s, ʃ, k**), dans la prononciation, mais non dans l'orthographe. Cependant elles peuvent redevenir sonores dans la chaîne parlée selon le mot qui suit, s'il commence par une voyelle ou une consonne sonore (phénomène d'assimilation).

Comme on peut aisément le voir, l'orthographe romanche emprunte en partie les conventions graphiques de l'allemand, en particulier la valeur de **sch** (et celle de **sch** qu'elle détermine), **tsch**, **z**, **c** (ainsi que **ü** et **ö**), et la valeur de **s** (et **s**) dans certains contextes, en particulier devant consonne. Cela s'explique par la germanisation progressive de Coire après son incendie du XVe siècle, puisque les premiers textes romanches que nous possédons remontent au XVIe siècle, époque de la Renaissance, de l'Imprimerie et de la Réforme.
Il s'agit donc d'une orthographe ancienne, par conséquent respectable, mais dont le louable effort de transcription essentiellement phonologique (contrairement aux autres langues romanes qui privilégient une orthographe *étymologique* afin de préserver les liens entre elles et avec le latin) se heurte aux limites et aux conventions de l'orthographe allemande, et l'isole quelque peu des autres langues romanes.

Sauf en finale où il est souvent noté, **l'accent tonique** (voir plus loin) n'est pas toujours facile à trouver dans un mot inconnu, de même que la **longueur** et l'**aperture** de certaines voyelles (**e** et **o**).
Le débutant devra donc faire un effort particulier sur les points suivants :
- prononcer en finale toutes les consonnes comme des **sourdes** (sauf contexte sonore à l'initiale du mot suivant) : des mots comme **surd** "sourd", **sang** "sang", **viv** "vivant" se réalisent [surt], [saŋk], [vi:f];
- **chuinter** le **s** devant consonne dans toutes les positions intérieures du mot : **carstgaun** "être humain", **sbursar** "débourser", **cascada** "cascade" se réalisent [karʃ'tçawn], [ʒbur'sa:r], [kaʃ'ka:da];
- bien accentuer chaque mot (on oppose ainsi **chanta** ! "chante !" et **chantà** "chanté", **nivel** "nuage" et **nivel** "niveau"), mais aussi chaque diphtongue, en particulier **ie** qui se prononce le plus souvent ['iə] (**dies** "dos", **tschient** "cent", **cardientscha** "croyance") sauf quelques exceptions, surtout des mots qui comportaient la séquence IE dès le latin (**client** "client") mais ce n'est pas une règle absolue (**scienza** [stsi'entsa] ou ['ʃtsiəntsa]).
- différencier à l'audition et dans la prononciation **ch** [tç] de **tsch** [tʃ].

Tant du point de vue prononciation qu'orthographe, on peut donc ressentir une impression *d'étrangeté*. Mais il faut savoir que le canton des Grisons est aussi l'un des plus dépaysants de la Suisse, et il se plaît à cultiver ses particularismes – et son hospitalité.

L'accent tonique

Auprès des francophones, on n'insistera jamais assez sur l'importance de l'accent tonique que connaissent un grand nombre de langues, accent qui est exclusivement oxyton (sur la dernière syllabe) dans le domaine d'oïl[1], et qu'on peut considérer comme disparu en français standard. C'est ce qui explique la difficulté que rencontrent certains d'entre nous quand il s'agit de prononcer une langue étrangère. Certains pensent même que cet accent tonique, qu'on trouve dans la plupart des grandes langues de culture autour de nous, n'est pas important et n'empêche pas la compréhension.

En réalité, si un francophone, conformément à ses habitudes natives, n'insiste sur aucune syllabe de la phrase allemande, anglaise, italienne ou espagnole, son interlocuteur le comprendra plus ou moins bien. Mais s'il insiste sur une syllabe *autre* que celle de l'accent tonique, son interlocuteur risque bien de ne pas le comprendre du tout. Essayez et vous verrez !

L'accent tonique est l'insistance sur une syllabe et une seule de chaque mot important (nom, verbe, adjectif, adverbe, certains pronoms), mais non de certains mots-outils comme les articles ou certaines prépositions. Les autres syllabes sont dites atones (prétoniques, avant l'accent, ou posttoniques, après). En français aussi nous avons *l'accent d'insistance*, mais il est occasionnel, facultatif et libre à l'intérieur du mot : incr**o**yable, ép**ou**vantable, horr**eur**, tandis que dans les autres langues il ne peut se faire que sur une syllabe déjà tonique.

En romanche, on peut trouver l'accent sur la dernière syllabe (les oxytons : **chantar, chantà, partin, partis, german**), l'avant-dernière (les paroxytons : **chantas, chantan, chantada, vaider, cumprel, unic**) et l'avant-avant-dernière (les proparoxytons, plus rares : **libramain, clinicas**), très rarement ailleurs (**unicamain**). Cet accent n'est noté que dans un petit nombre de cas : en finale pour certains mots (**chantà, café**) et pour éviter l'homographie (**gia** ~ **gìa**). Cet accent graphique indique toujours que la syllabe est tonique.

Dans cet ouvrage l'accent tonique est noté en gras ou par un soulignement quand le mot est déjà en gras. Il est indispensable de l'apprendre : c'est, a-t-on pu dire, *l'âme* du mot.

---

[1] Il suffit, par exemple, d'écouter parler un Belge ou un Marseillais lorsqu'ils ont un fort accent local, pour entendre immédiatement l'accent tonique sur les principaux mots (verbes, noms, adjectifs...).

Chapitre IV
ÉVOLUTIONS PHONÉTIQUES

Le romanche est une langue romane, ou *néo-latine*, c'est-à-dire qu'elle résulte d'une évolution de vingt siècles du latin classique et populaire, évolution qui a affecté sa phonétique, sa morphologie (par exemple la disparition des déclinaisons des noms et adjectifs) et sa syntaxe (l'ordre des mots, entre autres). Certains parlers (romanche engadinois, variété des Dolomites) se désignent du terme de *ladin*, continuant donc à se représenter toujours comme du latin, ce qui est d'un certain point de vue tout à fait exact, et ce pour toutes les langues romanes.

Afin de repérer plus facilement les mots latins, ceux-ci sont transcrits en petites capitales comme c'est l'usage chez les romanistes, et les formes hypothétiques sont notées avec un astérisque : *POMARIUS "arbre fruitier". Certaines formes non-classiques ne portent pas cet astérique, car elles ont été relevées dans des textes tardifs ou populaires.

Toutes les langues évoluent, du fait même qu'elles sont utilisées, mais chacune à son rythme. Il serait donc vain et même injuste de considérer comme supérieure une langue restée conservatrice, archaïque, ou au contraire une langue très évoluée. En linguistique, le mot *évolution* n'est donc pas un jugement, mais une simple constatation scientifique.
L'évolution phonétique depuis le latin suit des règles[1] assez précises pour ce qu'on appelle le **fonds ancien** (latin, celtique, germanique ancien), mais qui peuvent être contrariées par divers phénomènes :
– l'**analogie** : ce phénomène explique pourquoi, en français, on ne dit plus aujourd'hui *je treuve* (forme d'évolution phonétique régulière qu'on rencontre encore chez la Fontaine), mais *je trouve*, plus proche des formes *trouver, nous trouvons, je trouvais*.

---

[1] S'il existe des règles phonétiques pour expliquer l'évolution d'un état de langue à un stade ultérieur, comme c'est le cas du latin vis-à-vis de chaque langue romane, on ne peut cependant pas parler de **règles phonétiques** en général, qui seraient valables pour *toutes* les langues (qui n'évoluent pas toutes de manières identiques), mais on peut seulement évoquer des **tendances** phonétiques.

– la **fréquence** : ce phénomène explique pourquoi, en français, on dit encore *je peux* (à côté de *pouvoir, nous pouvons, je pouvais*), parce que la fréquence d'utilisation du verbe *pouvoir* est beaucoup plus élevée que celle du verbe *trouver* qui, lui, s'est régularisé par analogie ; de même cela explique pourquoi le latin ILLA "celle-là", qui a donné la forme régulière *elle*, a donné aussi la forme irrégulière *la* (article et pronom personnel objet), qui est beaucoup plus fréquente.
– l'**assimilation** : le latin CIRCARE a donné en français moderne *chercher* et non plus *cercher* (cf. l'anglais *to search* qui vient de l'ancien français), la sifflante initiale étant devenue chuintante par l'influence de la chuitante de la 2e syllabe.
– la **dissimilation** : le latin PEREGRINUS a donné en français *pèlerin* et non **pèrerin* pour éviter la répétition des deux **r**.
– enfin les **emprunts**, soit à une langue étrangère, soit à un parler voisin, soit au latin (ce qu'on appelle aussi des *mots savants*, qui diffèrent des mots du *fonds ancien*), ce qui explique en français des mots tels que *week-end* (mot anglais), *cap* (mot occitan, du latin CAPUT, le mot français est *chef*), *culpabilité* (mot savant, **emprunté** au latin CULPABILITATE, à côté du mot *coupable*, régulièrement **dérivé** du latin CULPABILE).
Certaines évolutions sont cependant inexplicables : le latin *FORMATICU a donné le français *fromage* (au lieu de **formage*, cf. l'italien *formaggio*).

L'évolution phonétique des voyelles est conditionnée par l'accentuation, les voyelles non accentuées (prétoniques et posttoniques) pouvant évoluer différemment des voyelles accentuées (ou toniques). De même, une voyelle entravée, c'est-à-dire qui se trouve en syllabe fermée (terminée par une consonne) peut évoluer différemment d'une voyelle libre, c'est-à-dire en syllabe ouverte (terminée par une voyelle).
Pour les consonnes, on peut différencier la position forte (en début de mot ou après consonne) de la position faible (entre voyelles).

La palatisation
Ce phénomène, très répandu dans la plupart des langues romanes, mérite quelques explications. C'est la modification du lieu d'articulation d'une consonne (ou d'une voyelle) vers le palais dur,

modification due à l'influence de diverses causes comme la présence d'un autre son palatal. On parle aussi de *mouillure*.
Le latin classique ne possédait pas de consonnes palatales, mais il présentait un système qui pouvait faciliter l'émergence d'une série de consonnes palatales :
– en latin classique on avait une opposition CI [ki] ~ QUI [kwi], qui dans la plupart des langues romanes a évolué vers une opposition [k^{j}i] ~ [ki].
– en latin classique, quand deux voyelles se suivaient, la première était automatiquement brève ; si donc cette voyelle était un I ou un E, celle-ci a évolué vers un [j] qui a pu affecter la consonne précédente :

VINEA > RG **vigna** "vigne"
FILIA > RG **figlia** "fille"

– la voyelle **a** n'est ni véritablement palatale ni véritablement vélaire (en fait elle est centrale), mais elle a fonctionné comme une voyelle palatale dans certaines langues (français standard, francoprovençal, nord-occitan et romanche), en palatalisant certaines consonnes :

CANTARE > fr. chanter, fp. chantar, n.oc. chantar, RG **chantar**

Notons toutefois que cette dernière palatalision est majoritaire mais non générale dans les idiomes romanches, ni même à l'intérieur de certains parlers.

Les variétés présentent en effet un petit nombre de différences entre elles pour les consonnes. Il y a cette particularité, commune avec le français standard, de la palatalisation du C latin devant A, mais elle ne s'est pas généralisée dans tous les parlers, avec même une certaine incohérence. Ainsi les mots pour "chanter" (latin CANTARE), "maison" (latin CASA) et tête (latin CAPUT), on trouve les palatalisations suivantes :

vallader :	**ch**antar	**chà**, **ch**asa	**ch**eu
puter :	**ch**anter	**ch**esa	**ch**o
surmiran :	cantar	**tg**esa	**tg**ea
sutsilvan :	cantar	**tg**ea, **tg**easa	**tg**ieu, **tg**o
sursilvan :	cantar	casa	**tg**au
(**romanche-grison** :	**ch**antar	**ch**asa	**ch**au)

Dans certains parlers on a même une alternance de ce phénomène dans la conjugaison en fonction de l'accent tonique, comme dans le présent en sutsilvan :

cantar : **tgà**nt, **tgà**ntas, **tgà**nta, cant**agn**, cant**az**, **tgà**ntan

La vélarisation

Ce phénomène, fréquent dans les langues slaves mais rare dans les langues romanes en dehors du roumain, a affecté en romanche la voyelle A devant nasale :

CAMPU > RG **chomp** "champ"
PLANU > RG **plaun** "plaine"

On voit ainsi comme cette voyelle centrale a évolué vers une voyelle ou une diphtongue vélaire. La réalisation de cette diphtongue **au** devant nasale est cependant particulière dans certaines variétés : [ɛw] en sursilvan, [ɛ:] en puter.

Les évolutions phonétiques présentées ci-après ne présentent pas tous les cas de figure possibles, mais seulement les cas les plus représentatifs pour comprendre cette langue. Bien sûr, il existe de nombreuses exceptions, que l'on n'a pas pu donner systématiquement. De plus on constatera des incohérences concernant certaines évolutions dans certains idiomes, incohérences que le RG a tenté de régulariser, mais pas toujours.
La traduction n'est pas celle du mot latin, mais du mot romanche. Ainsi le mot latin CAPTĀRE "chercher à prendre" a donné en RG **chattar** qui signifie "trouver", c'est cette dernière traduction qui est donnée.
La lettre **y** (en minuscule) note un *yod* résultant de Ĭ/Ĕ devant voyelle, qui a provoqué certains processus de palatalisation en romanche.

LES VOYELLES

Si le latin classique possédait un système de 10 consonnes :

- Ā, Ē, Ī, Ō, Ū (longues) en toutes positions,
- Ă, Ĕ, Ĭ, Ŏ, Ŭ (brèves) en toutes positions,

son évolution en latin tardif a donné un système de :

- 7 voyelles toniques (Ā/Ă, Ĕ, Ē/Ĭ, Ī, Ŏ, Ō/Ŭ, Ū),
- 5 voyelles prétoniques (A, E, I, O, U)
- et 4 voyelles posttoniques (A, E, I, O/U).

De plus, le latin avait aussi deux diphtongues principales :

- AU, parfois déjà passée à O ;
- AE, passée précocément à Ĕ.

C'est à partir de ce stade tardif que les règles d'évolution vont être expliquées.

Ā/Ă tonique libre > **a ; au, o** (vélarisation devant nasale)

SCĀLA > **stgala** "échelle, escalier"

DE MĀNE > **damaun** "demain"

FĂME > **fom** "faim"

cas particulier -ĀR(I)U > **e**

CLĀRU > **cler** "clair"

PĀRE > **pèr** "paire"

DENĀRIOS > **daners** "deniers, argent"

Ā/Ă tonique entravé > **a ; o** (vélarisation devant nasale)

QUĂTTUOR > **quatter** "quatre"

AB ĂNTE > **avant** "avant" (voir les réalisations ci-dessous)

DĂMNU > **donn** "dommage"

ĂNNU > **onn** "an"

cas particulier AL > **au**

ĂLTERU > **auter** "autre"

CĂLIDU > CALDU > **chaud** "chaud"

ĂLTU > **aut** "haut"

le A prétonique > **a**

CAPTĀRE > **chattar** "trouver"

SAPĒRE > **savair** "savoir"

APERTU > **avert** "ouvert"

---

stgala : V s-chala, P s-chela, M stgela, T stg(e)ala, S scala
damaun : V daman, P damaun, M dumang, T damàn/dumàn, S daumaun
fom : L fam/fom, M fom, T fom, S fom
cler : V cler, P cler, M cler, T cler, S clar
pèr : V pêr, P pêr, M pêr, T peer, S pèr
daners : V daners/denars, P denars, M daners, T daners, S daners
quatter : V quatter, P quatter, M quatter, T quater, S quater
avant : V avant, P aunz, M avant, T avànt, S avon
donn : V dan/don, P dan, M donn, T don, S donn
onn : V an/on, P an, M onn, T on, S onn
auter : V oter, P oter, M oter, T oter, S auter
chaud : V chod, P chod, M tgod, T tgòld, S cauld
aut : V ot, P ot, M ot, T òlt, S ault
chattar : V chattar, P chatter, M cattar, T catar, S cattar
savair : V savair, P savair, M saveir, T saver, S saver
avert : V avert, P aviert, M avert, T aviert/duviert, S aviert

Ĕ tonique libre > **(i)e**

DĔCEM > **diesch** "dix"
LĔVE > **lev** "léger, facile"
FĔBRE > **fevra** "fièvre"

Ĕ tonique entravé > **e**

BĔLLU > **bel** "beau"
CAPĔLLU > **chavel** "cheveu"
FĔSTA > **festa** "fête"
*HĔBDOMA > **emna** "semaine"

Ē/Ĭ tonique libre > **ai**

*PARĒTE > **paraid** "paroi"
BĬBERE > **baiver** "boire"
PLĒNU > **plain** "plein"

Ē/Ĭ tonique entravé > **e**

MĬTTERE > **metter** "mettre"
theodiscu (germ.) > **tudestg** "allemand"

E prétonique > **e**

EXSPECTĀRE > **spetgar** "attendre"
RESPONDERE > **respunder** "répondre"

---

diesch : V desch, P desch, M diesch, T diesch, S diesch
lev : V leiv, P (liger), M lev, T leav, S lev
fevra : L feivra, M fevra, T feavra, S febra
bel : V bê/bel, P bel, M bel, T bi/beal, S bi
chavel : V chavè, P chavels, M tgavel, T cavel/tgavel, S cavegl
festa : V festa, P festa, M festa, T feasta, S fiasta
emna : V eivna, P eivna, M emda, T eamda/eanda, S jamna
paraid : V paraid, P paraid, M pare, T pare/pre, S preit
baiver : V baiver, P baiver, M bever, T beber/bever, S beiber
plain : V plain, P plain, M plagn, T plagn, S plein
metter : V metter, P metter, M metter, T meter, S metter
tudestg : V tudais-ch, P tudas-ch, M tudestg, T tudestg, S tudestg
spetgar : V spettar, P spetter, M spitgier, T spitg(e)ar, S spitgar
respunder : L respuonder, M rasponder, T raspunder, S rispunder

Ŏ tonique libre > **o, e (< ö)**

BŎVE > **bov** "bœuf"
ŎVU > **ov** "œuf"
PLŎVERE > **plover** "pleuvoir"
FŎLIU > **fegl** "feuille"

Ŏ tonique entravé > **o, ie (< ö/üe)**

CŎRPU > **corp** "corps"
ŎCTO > **otg** "huit"
*DAVORSU > **davos** "dernier"
SŎMNU > **sien** "sommeil"

O prétonique > **u**

POTERE > **pudair** "pouvoir"
NOTĀRE > **nudar** "noter"

Ō/Ŭ tonique libre > **u**

CORŌNA > **curuna** "couronne, étagère"
FLŌRE > **flur** "fleur"

Ō/Ŭ tonique entravé > **u**

BŬCCA > **bucca** "bouche"
CŬRSU > **curs** "cours"
FŌRMA > **furma** "forme"

---

bov : V bouv, P bouv, M bov, T bov, S bov
ov : V öv, P öv, M ov, T ov, S iev
fegl : V fögl, P fögl, M figl, T fegl/figl, S fegl
plover : V plouver, P plouver, M plover, T plover, S plover
corp : L corp, M corp, T tgierp, S tgierp
otg : V ot, P och, M otg, T otg, S otg
davos : V davo, M davos, T davos, S davos
sien : L sön, M sien, T sien, S sien
pudair : V pudair, P pudair, M pudeir, T puder, S puder
nudar : V notar, P noter, M nudar, T nudar, S notar
curuna : V curuna, P curuna, M carunga, T crùna, S cruna
flur : L flur, M flour, T flur, S flur
bucca : V bocca, P buocha, M bucca, T buca, S bucca
curs : V cuors, P cuors, M curs, T curs, S cuors
furma : L fuorma, M furma, T furma, S fuorma

Ī tonique libre > **i**

AMĪCU > **ami** "ami"
DĪCERE > **dir** "dire"
FARĪNA > **farina** "farine"

Ī tonique entravé > **i**

QUĪNQUE > *CĪNQUE > **tschintg** "cinq"
DĪCTU > **ditg** "dit"

I prétonique > **e**

VIDĒRE > **vesair** "voir"
*NITIDIĀRE > **nettegiar** "nettoyer"

Ū tonique libre (> **ü**) > **i**

OBSCŪRU > **stgir** "obscur"
CRŪDU > **criv** "cru"
ŪNA > **ina** "une"

Ū tonique entravé (> **ü**) > **i**

FRŪCTU > **fritg** "fruit"
JŪSTU > **gist** "juste"

U prétonique (> **ü**) > **i**

MUTĀRE > **midar** "changer"
SALUTĀRE > **salidar** "saluer"

---

ami : V ami, P amih, M amei, T amitg, S amitg
dir : V dir, P dir, M deir, T gir, S dir/gir
farina : V farina, P farina, M fregna, T fregna, S frina
tschintg : V tschinch, P tschinch, M tschintg, T tschentg, S tschun
ditg : V dit, P dit, M detg, T getg, S detg/getg
vesair : V verer, P vair/vzair, M veir, T vaser/ver, S veser
nettegiar : V nettiar, P nettager, M nattager, S nettegiar
stgir : L s-chür, M stgeir, T stgir, S stgir
criv : L crüj, M criev, T criu, S criu
ina : V üna, P üna, M ena, T egna, S ina
fritg : L früt, M fretg, T fretg, S fretg
gist : V güst, P güst, M gist, T gest, S gest
midar : V müdar, P müder, M midar, T midar, S midar
salidar : V salüdar, P salüder, M salidar, T salidar, S salidar

AU tonique > **au** (plutôt minoritaire dans les idiomes)
CAUSA > **chaussa** "chose"
AURU > **aur** "l'or"
PAUCU > **pauc** "peu"
AURA > **aura** "temps (qu'il fait)"

AU prétonique > **u**
LAUDĀRE > **ludar** "louer, faire des louanges"

voyelles posttoniques

A posttonique > **a** [ɐ]
CAMERA > **chombra** "chambre"
CINCTA > **tschinta** "ceinture"
FENESTRA > **fanestra** "fenêtre"

yA posttonique > palatalisations diverses + **a**
pluvia > **plievgia** "pluie"
montanea > **muntogna** "montagne"
filia > **figlia** "fille"

E/I posttoniques > - (disparition, mais voir ci-après, à *l'accent tonique*)
HODIE > **oz** "aujourd'hui" (palatalisation, voir plus loin)
BENE > **bain** "bien"

---

chaussa : V chosa, P chosa, M tgossa, T tgossa, S caussa
aur : V or/aur/ar, P or, M or, T or, S aur
pauc : V pa(c), P po(ch), M pac, T poc, S pauc
aura : V ora, P ora, M ora, T ora, S aura
ludar : V lodar, P loder, S ludar
chombra : L chambra/chombra, M tgombra, T combra/tgombra, S combra
tschinta : L tschinta, M tschinta, T tschenta, S tschenta
fanestra : V fanestra, P fnestra, M fanestra, T faneastra, S finiastra
plievgia : L plövgia, M plievgia, T pliev(g)ia, S plievgia
muntogna : L muntogna/muntagna, M muntogna, T muntogna, S muntogna
figlia : L figlia, M feglia, T feglia, S feglia
oz : V hoz, P hoz, M oz, T oz, S oz
bain : V bain, P bain, M bagn, T bagn, S bein

CODICE > **cudesch** "livre"
CURRERE > **currer** "courir"
HERI > **ier** "hier"

O/U posttoniques > - (disparition)
AMICU > **ami** "ami"
ANNU > **onn** "an"
ALTERU > **auter** "autre"
COGNATU > **quinà** "beau-frère"

N + yO/yU posttonique > **gn**
FAVONIU > **favugn** "fœhn"
BALNEU > **bogn** "bain"
VENIO > **vegn** "je viens"

L + yO/yU posttonique > **gl** [ʎ]
CONSILIU > **cussegl** "conseil"
FOLIU > **fegl** "feuille"
FILIU > **figl** "fils"

ANT/ENT/UNT posttoniques > **an**
CANTANT > **chantan** "ils chantent"
VENIUNT > **vegnan** "ils viennent"

---

cudesch : V cudesch, P cudesch, M codesch, T cudesch, S cudisch
currer : V cuorrer/currir, P cuorrer, M correr, T curer/curir, S cuorer
ier : L her, M ier, T ier, S ier
ami : V ami, P amih, M ameị, T amitg, S amitg
onn : V an/on, P an, M onn, T on, S onn
auter : V oter, P oter, M oter, T oter, S auter
quinà : V quinà, P quino, M chino, T quino, S quinau
favugn : L favuogn, M favogn, T favugn/fagugn, S favugn
bogn : L bagn/bogn, V bagn, M bogn, T bogn, S bogn
vegn : V vegn, P vegn, M vign, T vignt/vegn, S vegn(el)
cussegl : V cussagl, P cussagl, M cunsegl, T cunzegl, S cussegl
fegl : V fögl, P fögl, M figl, T fegl/figl, S fegl
figl : V figl, P figl, M fegl, T fegl, S fegl,
chantan : V chantan, P chantan, T tgàntan, S contan
vegnan : V vegnan, P vegnan, M vignan, T vignan/vegnan, S vegnan,

L'accent tonique

Comme on a pu le voir, l'accent tonique est resté en romanche le plus souvent sur la même syllabe effective qu'en latin, même si certaines syllabes posttoniques ont disparu :

- **paroxytons** latin (avant-dernière syllabe) :
    - CORŌNA > **curuna** "couronne, étagère"
    - SAPĒRE > **savair** "savoir"

- **proparoxytons** latin (avant-avant-dernière syllabe) :
    - QUĂTTUOR > **quatter** "quatre"
    - CĂLIDU > **chaud** "chaud"
    - PLŎVERE > **plover** "pleuvoir"

Ainsi des paroxytons et même des proparoxytons latins ont pu parfois devenir des **oxytons** (accent sur la dernière syllabe).

Mais comme dans d'autres langues latines, l'accent en latin tardif a pu se déplacer sur une autre syllabe, et ainsi en romanche :

RESPONDĒRE > *RESPONDERE > **respunder** "répondre"

De même, on peut constater une variation entre les parlers :

RG, sursilvan **fabrica** "fabrique, usine"
ladin **fabrica** "fabrique, contruction"

Le système des voyelles **posttoniques** en romanche repose sur une base simple, le -A latin reste **-a** [ɐ], les autres voyelles disparaissent sauf comme voyelle d'appui, qui est **-e** [ə]. La prononciation des deux peut parfois se confondre.
A cela s'ajoutent certains emprunts savants (en -IUS, -IUM, ainsi *SCRĪNĀRIU > **scrinari** "menuisier") et quelques mots du fonds ancien (TĔPĬDU > **tievi** "tiède", TŎXĬCU > **tissi** "poison", MĔDĬCU > **medi** "médecin"), qui présentent ainsi un **-i** posttonique. On peut même trouver ce **i** en posttonique non finale dans les emprunts savants : **util** "utile", **unic** "unique", de même que le **u** : **singul** "seul". Quand au **-o** posttonique, on le trouve dans des emprunts ou des mots savants : **conto** "compte", **euro** "euro", **foto** "photo".

LES CONSONNES

Les consonnes ont évolué selon plusieurs critères :
- selon leur position (*forte* : début de mot, double, ou après consonne, *faible* : entre voyelles) ;
- selon la voyelle, la consonne ou la semi-voyelle qui suit.

P en position forte > **p**

PASSARE > **passar** "passer"
COMPARARE > **cumprar** "acheter"
CORPU > **corp** "corps"
SPERARE > **sperar** "espérer"

P en position faible > **v**

APICULU > **avieul** "abeille"
CAPELLU > **chavel** "cheveu"

B en position forte > **b**

BARBA > **barba** "barbe"
BENE > **bain** "bien"

B en position faible > **v**

SCRIBERE > **scriver** "écrire"
HABERE > **avair** "avoir"
LABORE > **lavur** "travail, labeur"

cas particulier By

*RABIA > **ravgia** "rage"

---

passar : V passar, P passer, M passar, T passar, S passar
cumprar : V cumprar, P cumprer, M cumprar, T cumprar, S cumprar
corp : L corp, M corp, T tgierp, S tgierp (noter la **palatalisation** T et S)
sperar : V sperar, P sperer, M sperar, T sperar, S sperar
avieul : V aviöl, P aviöl, M avioul, T avieul, S aviul
chavel : V chavè, P chavels, M tgavel, T cavel/tgavel, S cavegl
barba : V barba, P barba, M barba, T barba, S barba
bain : V bain, P bain, M bagn, T bagn, S bein
scriver : V scriver, P scriver, M screiver, T scriver, S scriver
avair : V avair, P avair, M aveir, T (ad)aver/ver, S haver
lavur : V lavur, P lavur, M lavour, T lavur, S lavur
ravgia : L rabgia, S ravgia

T en position forte > **t**

CAPTARE > **chattar** "trouver"
ALTERU > **auter** "autre"
CONTENTU > **cuntent** "content"
CURTU > **curt** "court"
FESTA > **festa** "fête"
MITTERE > **metter** "mettre"

T en position faible > **d**

MUTARE > **midar** "changer"
ADJUTARE > **gidar** "aider"
PATRINU > **padrin** "parrain"

Ty en position forte > **z** [ts]

ABSENTIA > **senza** "sans"
CANTIONE > **chanzun** "chanson"
TERTIU > **terz** "tiers"

Ty en position faible > **(dsch)** > **sch** [ʒ]

RATIONE > **raschun** "raison"

---

chattar : V chattar, P chatter, M cattar, T catar, S cattar
auter : V oter, P oter, M oter, T oter, S auter
cuntent : V cuntaint, P cuntaint, M cuntaint, T cuntaint, S cuntent
curt : V cuort, P cuort, M curt, T curt, S cuort
festa : V festa, P festa, M festa, T feasta, S fiasta
metter : V metter, P metter, M metter, T meter, S metter
gidar : V güdar, P güder, M gidar, T gidar, S gidar
midar : V müdar, P müder, M midar, T midar, S midar
padrin : L padrin/pin, M padregn, T padregn, S padrin
senza : V sainza, P sainza, T sainza, M sainza, S senza
chanzun : L chanzun, M canzung, T canzùn, S canzun
terz : V terz, P terz, S tierz
raschun : V radschun, P radschun, M raschung, T raschùn, S raschun

cas particulier :

CT > **tg** [tç] (palatalisation particulière)

EXSPECTARE > **spetgar** "attendre"
FRUCTU > **fritg** "fruit"
LACTE > **latg** "lait"
NOCTE > **notg** "nuit"

D en position forte > **d**

DECEM > **diesch** "dix"
DARE > **dar** "donner"
MUNDU > **mund** "monde"

D en position faible > [j], parfois [w] > (disparition)

CREDERE > **crair** "croire"
CAUDA > **cua** "queue"
RIDERE > **rir** "rire"

Dy en position faible > **g** [dz̧], **z** [ts]

*ADJUTARE > **gidar** "aider"
MEDIU > **mez** "moyen"

---

spetgar : V spettar, P spetter, M spitgier, T spitg(e)ar, S spitgar
fritg : L früt, M fretg, T fretg, S fretg
latg : V lat, P lat, M latg, T latg, S latg
notg : V not, P not, M notg, T notg, S notg
diesch : V desch, P desch, M diesch, T diesch, S diesch
dar : V dar, P der, M dar, T dar, S dar
mund : V muond, P muond, M mond, T mund, S mund
crair : V crajer, P crajer, M creir, T crer, S crer
cua : V cua, P cua, S cua
rir : V rier, P rir, M reir, T rir, S rir
gidar : V güdar, P güder, M gidar, T gidar, S gidar
mez : V mez, P mez, M mez, T miez, R miez

C + Ō/Ŭ/Ŏ en position forte > **c** [k], **tg** (en finale)

CUM > **cun** "avec"
CODICE > **cudesch** "livre"
CONSILIU > **cussegl** "conseil"
PORCU > **portg** "porc"

C + Ō/Ŭ/Ŏ en position faible > **g** [g], **j** (en finale)

SECUNDU > **segund** "second"
LACU > **lai** "lac"

C + I/E en position forte > **tsch**

CINCTA > **tschinta** "ceinture"
CERTU > **tschert** "certain"
CENARE > **tschanar** "dîner (soir)"
COCCINU > **cotschen** "rouge"
*AV(I)CELLU > **utschè** "oiseau"

C + I/E en position faible devant tonique > **sch** [ʒ]

JACĒRE > **giaschair** "être couché, gésir"
PLACĒRE > **plaschair** "plaire, plaisir"
ACĒTU > **aschieu** "vinaigre"
VICĪNU > **vischin** "voisin"

---

cun : V cun, P cun, M cun, T cun, S cun
cudesch : V cudesch, P cudesch, M codesch, T cudesch, S cudisch
cussegl : V cussagl, P cussagl, M cunsegl, T cunzegl, S cussegl
portg : V porch/püerch, P püerch, M portg, T piertg, S piertg
segund : V seguond, P seguond, T sagund/savund, S secund
lai : V lai, P lai/lej, M lai, T lag/lai/laitg, S lag
tschinta : L tschinta, M tschinta, T tschenta, S tschenta
tschert : V tschert, P tschert, M tschert, T tscheart, S cert
tschanar : V tschnar, P tschner, M tschanar, T tschanar, S tschenar
cotschen : L cotschen, M totschen, T cotschen, S tgietschen
utschè : V utschè, P utschè, M utschel, T utschi, S utschi
giaschair : L giaschair, T scher, S scher
plaschair : L plaschair, M plascheir, T plascher, S plascher
aschieu : L aschaid, M ischia, T ischieu, S ischiu
vischin : V vaschin, P vschin, M vaschign, T vaschegn, S vischin

C + I/E en position faible devant atone > - (disparition)

SOCERU > **sir** "beau-père"
*VOCITU > **vid** "vide"
FACERE > **far** "faire"

C + A en position forte > **ch/tg** [tç]

CAPUT > **chau** "tête"
CAMBA > **chomma** "jambe"
CANTU > **chant** "chant"
SCALA > **stgala** "échelle, escalier"

C + A en position faible > **j** (avec disparition éventuelle)

PACĀRE > **pajar** "payer"
LUCAN(I)CA > **liongia** "saucisse"

C + Ū en position forte > **tg** (conditionné par l'évolution U > **ü** > **i**)

CŪLU > **tgil** "cul"
OBSCŪRU > **stgir** "obscur"
EXCUSĀRE > **stigsar** "excuser"

C + Ū en position faible > **g(i)** [dʑ]

SECŪRE > **sigir** "hache"

On peut constater ci-dessous que la palatalisation C + A est bien majoritaire, mais non générale dans les idiomes.

---

far : V far, P fer, M far, T far, S far
sir : L sör, M seir, T sir, S sir
vid : L vöd, M veid, T vid/vit, S vit
chau : V cheu, P cho, M tgea, T tgieu/tgo, S tgau
chomma : V chomma, P chamma, M tgomma, T tgomba, S comba
chant : V chant, P chaunt, M cant, T tgànt, S cant
stgala : V s-chala, P s-chela, M stegal, T stg(e)ala, S scala
pajar : V pajar, P pajer, M paer, T pajear/pij(e)ar, S pagar
liongia : L liangia/liongia, M liongia, T liongia, S ligiongia
tgil : V chül, P chül, S tgil
stgir : L s-chür, M stgeir, T stgir, S stgir
stigsar : V s-chüsar, P s-chüser, M stgisar, T stgisar, S stgisar
sigir : L sgür, S sigir

C + consonne en position forte > **c** [k]

CLARU > **cler** "clair"

CREDERE > **crair** "croire"

C + consonne en position faible > **g** [g]

MACRU > **magher** "maigre" (position semi-faible)

C(U)L- en position faible > **gl** [ʎ]

OCULU > *OCLU > **egl** "œil"

VETULU > *VECLU > **vegl** "vieux"

SC + E > **sch** [ʃ]

NASCENTIA > **naschientscha** "naissance"

VASCELLA > **vaschella** "vaisselle"

X [ks] en position forte : **s**

EXTERU > **ester** "étranger"

X [ks] en position (mi-)faible : **sch** [ʃ]

LAXARE > **laschar** "lâcher, laisser"

La palatalisation devant I/E, ancienne, est quasi-générale dans les langues romanes (excepté les parlers sardes), si bien que les autres langues romanes, contrairement au romanche, ne l'ont jamais notée : CAELU : français *ciel*, italien *cielo*, espagnol *cielo*, portugais *céu*, roumain *cer*, occitan *cèl*, mais romanche ***tschiel***.
En revanche la palatalisation devant A n'existe qu'en français, francoprovençal, nord-occitan et la majeure partie du romanche.

---

cler : V cler, P cler, M cler, T cler, S clar
crair : V crajer, P crajer, M creir, T crer, S crer
magher : V majer, P meger, M maier, T maigher, S magher
egl : V ögl, P ögl, M îgl, T îl, S egl
vegl : V vegl, P vegl, M vigl, T vegl/vigl, S vegl
naschientscha : V naschentscha, P naschentscha, S naschientscha
vaschella : V vaschella, P vaschella, M vaschela, T vascheala, S vischala
ester : V ester, P ester, M ester, T easter, S jester
laschar : V laschar, P lascher, M lascher, T (la)schar, S (la)schar

G + Ō/Ŭ en position forte > **g** [g]

GUSTU > **gust** "goût"

G + I/E en position forte > **dsch** > **s̲ch** [ʒ]

GELARE > **s̲chela̲r** "geler"
GENERU > **s̲che̲nder** "gendre"
JUNGERE > **giu̲ns̲cher** "joindre"
UNGERE > **u̲ns̲cher** "oindre"

G + A en position forte > **g(i)** [dʑ]

GAUDERE > **giuda̲ir** "jouir"

G + A en position faible > **j** (avec disparition éventuelle)

COLLIGARE > **collia̲r** "relier"

G + consonne en position forte > **g** [g]

GRAVE > **grev** "lourd"
GLACIE > **glatsch** "glace"

G + consonne en position faible > **j** (avec disparition éventuelle)

NIGRU > **na̲ir** "noir"

G(I)L- en position faible > **gli** [ʎ]

VIGILARE > **veglia̲r** "veiller"

Il est intéressant de noter que, comme pour le phonème latin C, le résultat du latin G + A est différent de celui de G + I : **s̲chelar** ~ **giudair** (ils se confondent en français : cf. *geler* [ʒ-] = *jouir* [ʒ-]).

---

gust : L gust, M gost, T gust, S gust
s̲chelar : V (d)schelar/dschlar, T s̲chalar, S s̲chelar
s̲chender : L dschender, M s̲chender, T s̲chender, S schiender
giuns̲cher : L giu(o)ndscher, S s̲chuns̲cher
uns̲cher : V uondscher, P undscher, S uns̲cher
giudair : L giodair, M galdeir, S guder
colliar : V colliar, P collier, M collieir, T culi(e)ar, S colligiar
grev : V greiv, P greiv, M grev, T greav, S grev
glatsch : L glatsch, M glatsch, T glatsch, S glatsch
nair : L nair, P nair, M neir, T ner, S ner
vegliar : V vagliar, P vaglier, S vegliar

M en position forte > **m**

DORMIRE > **durmir** "dormir"
MOMENTU > **mument** "moment"
MORTUU > **mort** "mort"
RUMPERE > **rumper** "rompre"

M en position faible > **m**

AMICA > **amia** "amie"
TIMERE > **temair** "craindre"
CLAMARE > **clamar** "crier"
ROMANICE > **rumantsch** "romanche"

My (< MI/ME + voyelle) > **mi** [mj]

COMMEATU > **cumià** "congé"

N en position forte > **n, nn**

ANNU > **onn** "an"
CANTARE > **chantar** "chanter"
*COCINARE > **cuschinar** "cuisiner"

N en position faible > **n**

BONU > **bun** "bon"
MANU > **maun** "main"
SONARE > **sunar** "jouer d'un instrument"

---

durmir : L durmir, M durmeir, T durmir, S durmir
mument : V momaint/mu-, P mumaint, M mument, T mumaint, S mument
mort : V mort, P mort, M mort, T mort, S miert
rumper : V rumper, P rumper, M romper, T rumper, S rumper
amia : V amia, P amia, M ameia, T amitga, S amitga
temair : L tmair, M tameir, T tamer, S temer,
clamar : L clamar/clomar, M clamar, T clamar, S clamar,
rumantsch : V rumantsch, P rumauntsch, M rumantsch, T rumàntsch, S romontsch
cumià : V cumgià, P comgio, M cumgio, S cumiau
onn : V an/on, P an, M onn, T on, S onn
chantar : V chantar, P chanter, M cantar, T cantar, S cantar
cuschinar : V cuschinar, P cuschiner, M cuschinar, T cuschinar, S cuschinar
bun : V bun, P bun, M bun(g), T bien, S bien
maun : V man, P maun, M mang, T màn, S maun
sunar : V sunar, P suner, M sunar, T sunar, S sunar

Ny (< NI/NE + voyelle) > **gn, ng(i)**

FAVONIU > **favugn** "fœhn" (vent chaud)
VENIUNT > **vegnan** "ils viennent"
LINEA > **lingia** "ligne"

GN > **n**

LIGNU > **lain** "bois (matière)"
COGNOSCERE > **conuscher** "connaître"

L en position forte > **l, ll**

LANA > **launa** "laine"
COLLIGARE > **colliar** "relier"
PULPA > **pulpa** "viande des Grisons"

L en position faible > **l**

SCALA > **stgala** "échelle, escalier"
SALE > **sal** "sel"
VELLE > *VOLERE > **vulair** "vouloir"

Ly (< LI/LE + voyelle) > **gl(i)** [ʎ]

FOLIU > **fegl** "feuille"
MELIOR > **meglier** "meilleur"
*TALEARE > **tagliar** "tailler"

---

favugn : L favuogn, M favogn, T favugn/fagugn, S favugn
vegnan : V vegnan, P vegnan, M vignan, T vignan/vegnan, S vegnan,
lingia : V lingia, P lingia, M lengia, T lingia, S lingia
lain : V lain, P lain, M lenn, T len, S lenn
(en)conuscher : V cugnuoscher, P cugnuoscher, M canoscher, T (an)canuscher, S enconuscher
launa : V lana, P launa, M langa, T làna, S launa
colliar : V colliar, P collier, M collieir, T culi(e)ar, S colligiar,
pulpa : L puolpa, M polpa, T pualpa, S puolpa,
stgala : V s-chala, P s-chela, M stegal, T stg(e)ala, S scala
sal : V sal, M sal, T sal, S sal
vulair : L (vu)lair, M vuleir, T (vu)ler, S vuler
fegl : V fögl, P fögl, M figl, T fegl/figl, S fegl
meglier : V meglder, P meglder, M migler, T meglier/miglier, S meglier
tagliar : V tagliar, P taglier, M tagler, T tagliar/tagliear, S tagliar

F > **f**

FARINA > **farina** "farine"
FENESTRA > **fanestra** "fenêtre"

V > **v**

LAVARE > **lavar** "laver"
SALVARE > **salvar** "sauver"
VIVERE > **viver** "vivre"

S en position faible > **s** [z]
USARE > **isar** "user"
CASA > **chasa** "maison"

S en position faible + I > **sch** [ʒ]
CASEOLU > **chaschiel** "fromage"

S en position forte > **s/s, ss**
PASSARE > **passar** "passer"
SUAS > **sias** "ses, siennes"
SANITATE > **sanadad** "santé"
JUSTU > **gist** "juste"
SUBTU > **sut** "sous"

S en position forte + I > **sch** [ʃ]
*VESSICA > **vaschia** "vessie"

---

farina : V farina, P farina, M fregna, T fregna, S frina,
fanestra : V fanestra, P fnestra, M fanestra, T faneastra, S finiastra
lavar : V lavar, P laver, M lavar, T lavar, S lavar
salvar : V salvar, P salver, M salvar, T salvar, S salvar
viver : V viver, P viver, M veiver, S viver
isar : V üsar, S isar
chasa : V chà/chasa, P chesa, M tgesa, T tgea(sa), S casa
chaschiel : L chaschöl, M caschiel, T caschiel, S caschiel
passar : V passar, P passer, M passar, T passar, S passar
sias : V sias/sas, P sias, M sias, T sias/si's, S sias
sanadad : V sandà, P sandet, M sanadad, T sanadad, S sanadad
gist : V güst, P güst, M gist, T gest, S gest
vaschia : V vaschia, P vschia, S vischigia
sut : V suot, P suot, M sot, P sut, S sut

H latin disparaît dans tous les cas, même si pour certaines formes et dans certains parlers on le conserve dans la graphie :

HABĒRE > **avair** "avoir"
HABEŌ > **hai** "j'ai"
HOMINĒS > **umens** "hommes"

h germanique subsiste et est même quelquefois prononcé [h] :

halla > **halla** "halle, hall"

Semi-voyelle (ou **semi-consonne**)

J (I semi-voyelle) en position forte > **g(i)** [dʑ]

JUSTU > **gist** "juste"
JAM > **gia** "déjà"
JUVENE > **giuven** "jeune"

w germanique devient **gu** [gw] ou [gu] :

*wardan > **guardar** "regarder" (cf. all. *warten*)
*wald- > **guaud** "forêt" (cf. all. *Wald*)
*waidanjan > **gudagnar** "gagner" (cf. all. *weiden*)
*warjan > **guarir** "guérir" (cf. all. *wehren*)
*werra > **guerra** "guerre"

---

avair : V avair, P avair, M aveir, T (ad)aver/ver, S haver
hai : V n'ha, P d'he, M va, T ve, S hai
umens : V homens, P homens, M omens, T umens, S umens
halla : L halla, S halla
gist : V güst, P güst, M gist, T gest, S gest
gia : V fingià, P già, M gio, T gea, S gia
giuven : V giuven, P giuven, M gioven, T giuven, S giuven
guardar : V guardar, P guarder, M vurdar, T vurdar, S uardar
guaud : V god, P god, M gôt, T gòld, S uaul
gudagnar : V guadagnar, P -gner, M gudagner, T gudagn(e)ar, S gudignar
guarir : L guarir, S urir/guarir
guerra : L guerra, S uiara

L'analogie :

Celle-ci a régularisé en grande partie les désinences des quatre conjugaisons latines, comme nous le verrons plus loin. De même, on constate certaines régularisations du radical dans la conjugaison en RG et dans certains parlers, mais non dans d'autres :

RG	ladin	sursilvan	
chantar	chantar	cantar	"chanter"
chanta	chanta	conta	"(il) chante"

La fréquence :

EGO > **jau** "je", V eu, P eau/jau, M ia, T jou, S jeu

Certains verbes fréquents ont perdu, en particulier dans les idiomes, leur syllabe initiale :

*ADJUTĀRE > **gidar** "aider", V güdar, P güder, M gidar, T gidar, S gidar
VENĪRE > **vegnir** "venir", V gnir, P gnir, M neir, T vagnir, S vegnir
HABĒRE > **avair** "avoir", V avair, P avair, M aveir, T (ad)aver/ver, S (ha)ver
LAXĀRE > **laschar** "lâcher, laisser", V laschar, P lascher, M lascher, T (la)schar, S (la)schar,
JACĒRE > **giaschair** "être couché, gésir", L giaschair, T scher, S scher
*VOLĒRE > **vulair** "vouloir", L (vu)lair, M vuleir, T (vu)ler, S vuler

L'assimilation :

SALĪRE > **siglir** "sauter"

La dissimilation :

PEREGRĪNU > **pelegrin** "pèlerin"

Les évolutions inexplicables ou difficilement explicables :

CULTĔLLU > **cuntè** "couteau"
CŬBITU > **cundun** "coude"
SĒPARĀRE > **zavrar** "trier, séparer"
COEMETĔRIU > **santeri** "cimetière"
ĪNFĂNTE > **uffant** "enfant"
CHRĪSTIĀNU > **carstgaun** "être humain"

Les emprunts :

Le romanche a connu plusieurs vagues d'emprunts, depuis les langues antiques. Né sur les territoires des Rhètes, il doit certainement comporter un fonds rhétique (plantes, formes de relief), mais cette langue nous est mal connue. On trouve quelques mots **celtiques**, passés par le latin ou peut-être empruntés aux parlers romans voisins :

lat. BATTUERE > **batter** "battre"
lat. CARRU > **char** "voiture, charrette"
lat. ALAUDA > **lodola** "alouette"
lat. CAMISIA > **chamischa** "chemise"
*tegia > **tegia** "cabane"

Par l'intermédiaire du latin tardif ou liturgique, certains mots **grecs** sont passés directement dans le fonds ancien :

PARABOLA > **paraula** "conte de fées"
CANTHU + -ONE > **chantun** "angle, coin"
BLASPHEMARE > **blastemmar** "blasphémer"
BASILICA > **baselgia** "église"
CHRISTIANU > **carstgaun** "être humain"

Le romanche a ensuite emprunté aux langues **germaniques** des mots dont certains se retrouvent dans d'autres langues romanes :

*wardan > **guardar** "regarder"
*bisunnia > **basegn** "besoin"
*wald- > **guaud** "forêt"
*leud- > **glieud** "gens" (ancien français *leudes*)
*agazza > **giazla** "pie" (italien *gazza*)

Les (ré)emprunts au **latin** ("mots savants") sont aussi nombreux que dans toutes les autres langues romanes :

ABSENTE > **absent** "absent"
ANIMAL > **animal** "animal"
CALCULARE > **calcular** "calculer"
CIRCULU > **circul** "cercle, compas"
CIVILIS + IZARE > **civilisaziun** "civilisation"
COLLEGA > **collega** "collègue"
DISTINCTU > **distinct** "net, distinct"
INTERIORE > **interiur** "intérieur"
NEGOTIU > **negozi** "négoce"
NATIVU > **nativ** "natal"
LINGUA > **lingua** "langue, idiome"

On peut constater dans cette liste que les mots ne suivent pas les règles des évolutions phonétiques étudiées plus haut. Ce qui peut créer des "doublets", comme dans les autres langues romanes[1]. Ainsi l'*organe* de la langue, dérivé du latin LINGUA, se dit **lieunga** en RG, tandis que **lingua** ['liŋgwɐ] est réservé au sens de "langage". Et le latin HABITARE a donné **avdar** à côté de **abitar**, comme OCCASIONE a donné **chaschun** (évolution populaire) et **occasiun** (mot savant).

Beaucoup de vocables proviennent d'autres langues romanes, en particulier du **français** et de l'**italien** (certains ont pu passer par l'intermédiaire de l'allemand) :

fr. coiffeur	>	**coiffeur**
fr. garage	>	**garascha** f.
fr. atelier	>	**atelier** "atelier, studio"
fr. chef	>	**schef**
afr. blasmer	>	**blasmar** "blâmer" (< BLASPHEMARE)
it. grotta	>	**grotta** "grotte" (grécolatin CRYPTA)
it. porto	>	**porto** "frais de port"
it. rischiare	>	**ristgar** "risquer"

Enfin l'**allemand**, et dans une moindre mesure l'**anglais**, ont apporté un nombre important de mots, mais infiniment plus dans les idiomes qu'en RG, qui a cherché à rétablir la langue dans une plus grande romanité. Les mots suivants sont tous RG :

bald	>	**baud** "bientôt"
Buchstabe	>	**bustab** "lettre" (caractère)
Gast	>	**giast** "hôte, invité, client"
schaffen	>	**stgaffir** "créer, former"
Buur (Bauer)	>	**pur** "paysan"
tanken	>	**tancar** "prendre de l'essence"
Wappen	>	**vopna** "blason, armoiries"
Schatz	>	**stgazi** "trésor"

[1] Le français a plus de 200 paires de mots de ce type : *écouter/ausculter, peser/penser, parole/parabole, cailler/coaguler, étroit/strict, poison/potion, coude/cubitus, écolier/scolaire, nager/naviguer, répit/respect, je/ego*, etc. Sans compter les innombrables cas où un mot est d'évolution populaire et ses dérivés des emprunts savants : PRETIUM > prix, PRETIŌSUS > précieux.

dancing > **dancing** "boîte de nuit"
hobby > **hobi** "violon d'Ingres"

Pour un mot tel que "ordinateur", on a le choix entre les deux familles : **ordinatur** et **computer** [kom'p(j)utər] (qui provient tout de même du latin COMPUTARE "compter").

On constate des parallélismes et des convergences avec l'allemand :
fragliuns "frère(s) et sœur(s)" (allemand *Geschwister*)
rom "1 branche, rameau (latin RĀMUS) ; 2 cadre, domaine, branche, rayon" (allemand *Rahmen*)
marsch "1 pourri ; 2 paresseux" (allemand *faul*, les deux sens)
mesemna "mercredi (milieu de semaine)" (allemand *Mittwoch*).
batterdegl "instant" ("battement d'œil, allemand *Augenblick*)

De même, des mots allemands d'origine romane ont souvent leur correspondant ou une forme proche en romanche :

Tastatur	**tastatura** "clavier"
Stiefel	**stival** "botte" (chaussure)
strapazieren	**strapatschar** "fatiguer"
gratulieren	**gratular** "féliciter"
Schreiner	**scrinari** "menuisier"
Pinzette	**pincetta** "pince à épiler"
Schachtel	**stgatla** "boîte"
Komma	**comma** "virgule"
Uhr	**ura** "montre, heure"
Belletristik	**belletristica** "belles-lettres"
Kino	**kino** "cinéma"
Konto	**conto** "compte en banque"

(le vrai mot romanche pour "compte" est **quint**)

Chapitre V

LES PRINCIPES DU ROMANCHE-GRISON

Comme nous l'avons dit, le RG est une langue standardisée, une langue de compromis. Il a comme base principalement le *sursilvan*, le *vallader* et le *surmiran*. Il est construit selon le principe de la majorité, c'est-à-dire en prenant si possible la forme écrite commune à la majorité des trois idiomes en question. Ce principe est valable tant pour la partie phonétique et grammaticale que pour la construction de la phrase et le vocabulaire. L'auteur, Heinrich Schmid, a également visé à la transparence, la simplificité et la compréhension générale. Le RG, qui n'est pas une langue de culture plus artificielle que bien d'autres, est constitué à 99,99 % (remarquer la précision suisse) des idiomes et dialectes romanches.

Les langues de culture sont-elles si naturelles que cela ?
On croit généralement que les grandes langues de culture que nous connaissons aujourd'hui sont le fruit naturel et spontané de l'ensemble d'une population. Au contraire, c'est rarement le cas : l'italien actuel doit beaucoup à la langue utilisée par Dante dans son œuvre, l'allemand à la traduction de la Bible par Luther. Quant au français, il résulte de la langue du roi et de la Cour, devenue peu à peu celle de la noblesse et des "gens cultivés", qui n'ont eu de cesse de l'enrichir, l'élaguer, la transformer d'après une vision idéalisante de ce que devrait être un "beau parler" – que l'on songe aux "Précieux" du XVIIe siècle. Tant et si bien que certains usages d'aujourd'hui sont le fruit de décisions, à la limite de l'arbitraire, prises par quelques grammairiens ou académiciens seulement, voire d'un seul dans certains cas. Ainsi c'est Marot qui au XVIe siècle fixa les règles de l'accord du participe passé, qui dans les autres langues romanes sont généralement facultatives, mais que même l'école depuis la IIIe République a voulu imposer à chaque génération, alors que tous les témoignages s'accordent à dire que depuis au moins quatre siècles elles ne sont pratiquement pas respectées dans l'usage de la langue parlée.

Ce principe de majorité n'a pu être appliqué partout. Dans certains cas (les 3 derniers ci-après) on a tenu compte d'autres idiomes et de variantes régionales et locales. Par ailleurs, il a fallu éviter des homographes et des incohérences existant dans les idiomes.

En outre, le système phonétique étant également simplifié, *ü, ö, uo, ou, ei* (voyelles) et *dsch* (consonne) n'ont pas été retenues, et l'on trouve à leur place *i, (i)e, u, o, ai/e* et *s̱ch* en RG.

Vallader	Surmiran	Sursilvan	RG		Principe
pasch	pasch	pasch	**pasch**	"paix"	**3:0**
viadi	viadi	viadi	**viadi**	"voyage"	**3:0**
alb	alv	alv	**alv**	"blanc"	**2:1**
not	notg	notg	**notg**	"nuit"	**2:1**
simpel	simpel	sempel	**simpel**	"simple"	**2:1**
set	set	siat	**set**	"sept"	**2:1**
ura	oura	ura	**ura**	"heure"	**2:1**
fil	feil	fil	**fil**	"fil"	**2:1**
cudesch	codesch	cudisch	**cudesch**	"livre"	**2:1**
schi	ea	gie	**gea**	"oui"	*
eu	ia	jeu	**jau**	"je"	*
or/aur	or	aur	**aur**	"l'or"	*

*Pour "oui", comme les formes étaient toutes assez différentes, on a recouru une forme supplémentaire, celle du surmiran *gie* ; pour "je", à la forme du Val Müstair *jau.* Quant à "l'or", localement on trouve la forme *aur*, ce qui permet également de différencier ce mot de **or** (variante **ora**) "dehors".

Bien sûr, une telle forme suprarégionale ne peut pas faire l'unanimité, mais elle a le mérite d'exister et d'avoir permis au romanche d'accéder au statut de "langue officielle" dans la Confédération.
N'oublions pas non plus que les langues évoluent sans cesse, surtout quand leur usage se restreint chaque jour. Ainsi des particularismes locaux auxquels les locuteurs natifs sont si attachés peuvent-ils disparaître demain, soit parce que les nouvelles générations se mettent à simplifier le système en faisant intervenir les lois de la fréquence et de l'analogie, soit par l'abandon pur et simple de la langue, comme cela a déjà été le cas dans plusieurs communes autrefois romanches.
D'ailleurs, que ce soit sur le plan grammatical ou celui du vocabulaire, les possibilités sont souvent suffisamment ouvertes pour permettre aux locuteurs natifs d'intégrer de nombreux particularismes dans l'usage du RG, comme nous en verrons des exemples plus loin.
Ainsi peut se mettre en œuvre la devise de Matteo De Pedrini :

1 per 5, 5 per 1.

Chapitre VI
LA GRAMMAIRE

Ce que nous appelons grammaire est constitué de deux parties qui peuvent s'imbriquer : la *morphologie*, ou étude des formes, et la *syntaxe*, les rapports et les liens entre les différentes parties du discours étudiées dans la morphologie.

En syntaxe, le romanche s'articule en grande partie comme les autres langues romanes, mais présente des caractéristiques où l'influence de l'allemand est sensible.
Ainsi l'inversion du pronom personnel sujet, rejeté après le verbe si la phrase commence par un complément[1] :

Oz chant jau "Aujourd'hui je chante" all. *Heute singe ich.*

De même les temps du futur et du passif utilisent l'auxiliaire **vegnir** "venir, devenir", qui se rapproche du fonctionnement allemand de l'auxiliaire *werden.* Notons toutefois que l'italien emploie également le verbe *venire* pour le passif.

On insistera sur l'usage abondant des "verbes composés" dont certains restent difficilement explicables par le latin : ainsi le verbe **metter vi** "tuer, exécuter" rappelle-t-il davantage les tournures allemandes *hinrichten, umlegen* que ne le suggérerait la traduction littérale "y mettre".

De nombreuses tournures syntaxiques sont également présentées dans la partie morphologie qui suit.

---

[1] Le français connaît parfois ce phénomène, mais dans un style soutenu :
En ce temps-là régnait un prince. Peut-être avons-nous eu tort. Aussi ai-je pensé que...

L'ARTICLE

L'article défini (en romanche **l'arti̱tgel defini̱t**)

masculin singulier	**il, l'** (devant voyelle)	pluriel	**ils**
féminin singulier	**la, l'** (devant voyelle)	pluriel	**las**
collectif	**la, l'**(devant voyelle)		

L'article défini contracté

contraction obligatoire :

da	+	**il**	=	**dal**	"du"		**da**	+	**ils**	=	**dals**	"des"	
a	+	**il**	=	**al**	"au"		**a**	+	**ils**	=	**als**	"aux"	

contraction possible :

cun	+	**il**	=	**cul**	"avec le"	**cun**	+	**ils**	=	**culs**	"avec les"
sin	+	**il**	=	**sil**	"sur le"	**sin**	+	**ils**	=	**sils**	"sur les"
en	+	**il**	=	**el**	"dans le"	**en**	+	**ils**	=	**els**	"dans les"
per	+	**il**	=	**pel**	"pour le"	**per**	+	**ils**	=	**pels**	"pour les"

Dans les autres cas, les formes sont écrites séparées :
da la, da las, da l', a la, etc.

L'article indéfini (en romanche **l'arti̱tgel indefini̱t**)
Il est faiblement accentué, contrairement au numéral "un".

masculin singulier	**in** "un"
féminin singulier	**ina, in'** (devant voyelle ou **h** muet) "une"

Au pluriel, on trouve simplement l'absence d'article : **mirs** "des murs"

---

il : V il, P il, M igl, T igl/gl', S il/igl
la : V la, P la, M la, T la, S la
els : V ils, P ils, M igls, T igls/als/els, S ils
las : V las, P las, M las, T las, S las
al : V al, P al, M agl, T agl(i), S al/agl
als : V als, P als, M agls, T agl(i)s, S als
dal : L dal, M digl, T digl, S da(g)l/di(g)l
dals : L dals, M digls, T digls, S dals/dils
in : V ün, P ün, M en, T egn, S in
ina : V üna, P üna, M ena, T egna, S ina
Certains parlers ont des formes contractées aussi pour le féminin, du type *alla*, *dallas*, etc.
Le sursilvan a deux prépositions, **da** (appartenance) et **de** (provenance), ce qui explique les deux formes contractées.

Le SUBSTANTIF (en romanche **il substantiv**)

Le pluriel (en romanche **il plural**)
On forme le pluriel en ajoutant un **-s** (prononcé) au singulier :

frar / frars "frères" **sora / soras** "sœurs"

a) les mots terminés par **-s** restent inchangés :

urs / urs "ours" **pass / pass** "pas"

b) certains pluriels connaissent une amplification du radical :

-è / -els **utschè / utschels** "oiseaux"
-à / -ads **prà / prads** "prés"
-ì / -ids **vestgì / vestgids** "habits"
um / umens "hommes"

c) certaines amplifications changent l'accentuation, à côté de formes régulières :

dunna / dunnauns ou **dunnas** "femmes"
matta / mattauns ou **mattas** "jeunes filles"

Le 'pluriel collectif' (en romanche **il plural collectiv**)
Ce pluriel particulier sert à désigner une collection de choses considérées dans leur totalité. On le forme en ajoutant un **-a** au singu-

---

Dans les idiomes, les types de **pluriel irrégulier** sont parfois plus nombreux, ainsi peut-on rencontrer :

ladin :
hom/homens "hommes"
utschè/utschels "oiseaux"
vesti/vestits "vêtements"
faschöl/faschous *ou* faschöls "fèves"
odur/oduors "odeurs"
pè/peis "pieds"
lö/lous "lieux"
chavà *ou* chavagl/chavals "chevaux"

sursilvan :
um/umens "hommes"
utschi/utschals "oiseaux"
liug/loghens "lieux"
cavagl/cavals "chevaux"
dunna/dunnauns *ou* dunnas
agniel/agneuls "agneaux"
tgiet/cots "coqs"
vierm/viarms "ver/vers"
ies/oss "os"
emploiau/emploiai "employés"

lier (en redoublant la consonne après voyelle brève) :

ogn/ogna "aulne/aulnaie"
prà/prada "pré/prairie"
bratsch/bratscha "des bras"
mail/maila "des pommes"
crap/crappa "des pierres"
oss/ossa "des os, ossements"

Du point de vue syntaxique, cette forme se comporte comme un féminin singulier (**la maila è madira** "les pommes sont mûres").
Ce pluriel collectif s'oppose au pluriel normal, qui désigne plusieurs objets pris individuellement : **bratschs, craps**, etc.
Il existe d'autres collectifs : **giaglinom** "volaille", **babuns** "ancêtres".

Le féminin (en romanche **il feminin**)
La formation du féminin des noms est souvent plus régulière qu'en français, dans la plupart des cas on adjoint un **-a** au masculin (en redoublant la consonne après voyelle brève, et d'autres adaptations orthographiques) :

cuschinier/cuschiniera "cuisinier/cuisinière"
tgirunz/tgirunza "infirmier/infirmière"
chantadur/chantadura "chanteur/chanteuse, cantatrice"
mais **chaval/chavalla** "cheval/jument"
figl/figlia "fils/fille"
apotecher/apotecra "pharmacien/pharmacienne"
vadè/vadella "veau/génisse"

---

ladin	sursilvan
pluriel collectif :	
agn/agna	ogn/ogna
prà/prada	prau/prada
öss/ossa	ies/ossa
féminin :	
chürunz/chürunza	tgirunz/tgirunza
chavà *ou* chavagl/chavalla	cavagl/cavalla
figl/figlia	fegl/feglia
apoteker/apotecra	apotecher/apotecra
v(a)dè/v(a)della	vadi/vadiala

Mais comme dans beaucoup de langues, il existe quelques féminins irréguliers :

um/dunna "homme/femme"
bab/mamma "père/mère"
padrin/madritscha "parrain/marraine"
frar/sor(a) "frère/sœur"
nev/nezza "neveu, nièce"
cot/giaglina "coq/poule"

Noter aussi que les *mots composés* n'ont pas toujours de trait d'union :

paraid-crap "falaise (paroi de pierre)"
fora-nas/rusna-nas "narine (trou de nez)"
mais **plaunterren** "rez-de-chaussée (plain sol)"
ballape "foot-ball (balle à pied)"
battafieu "briquet (bat-feu)"
dapertut "partout (de-par-tout)"

---

ladin	sursilvan
féminin :	
hom/duonna	um/dunna
bap/mamma	bab/mumma
padrin/madrina	padrin/madretscha
(*ou* pin/mima)	
frar/sour	frar/sora
neiv/nezza	nevs/niaza
gial/giallina	tgiet/gaglina
mots composés :	
paraid da spelma "falaise"	preit-crap
foura d'nas	ruosna-nas
plan terrain	plaunterren
ballapè	ballapei
battafö	battafiug
dapertuot	dapertut

Le genre des noms en romanche

Ceux qui connaissent bien les langues romanes savent que le français est celle où les noms ont le plus changé de genre à partir du latin. L'absence de terminaison spécifique (*le foie, la foi*) nous fait d'ailleurs souvent douter, en particulier pour les mots commençant par une voyelle (armistice, argile, oriflamme). Des groupes entiers de mots masculins comme ERROR, DOLOR sont devenus féminins en français, toutefois c'est aussi le cas en romanche pour les mots **errur, dolur** (mais **amur** f.).
Cependant en général le romanche est plus fidèle au latin que le français, en partie grâce à ses terminaisons :

*MENTIONI(C)A	>	**manzegna**	"mensonge"
VULPE f.	>	**vulp** f.	"goupil, renard"
ARIA	>	**aria**	"air"
DENTE m.	>	**dent** m.	"dent"

Le mot latin MANUS "main", qui a réussi malgré sa terminaison à rester féminin dans les autres langues romanes, est devenu masculin (**maun**), probablement sous l'influence d'autres mots en **-aun (paun, chaun, plaun**).

Certains mots en revanche, par leur passage par l'allemand, présentent un genre différent du français originel : **garascha, reportascha** sont féminins, comme les mots allemands *Garage, Reportage*. Mais un mot comme **curaschi** (m.) "courage" doit s'expliquer par un emprunt direct et à une date plus ancienne (en allemand, *Courage* est féminin).

Le romanche a su utiliser la différence des genres pour des nuances particulières :
sien "sommeil" est masculin pour l'*état*, féminin pour le *besoin.*
mar "mer" est féminin, mais masculin il désigne la *mer intérieure*.

Enfin, l'influence de l'allemand est sensible dans le genre des mots appartenant au vocabulaire scientifique, car des mots régulièrement féminins dans les langues romanes (*benzine, toxine, héroïne*), mais qui sont masculins ou neutre en allemand, sont souvent masculins en romanche (RG **il benzin** "l'essence"), malgré les recommandations des dictionnaires, que guère de romanchophones ne consultent.

L'ADJECTIF (en romanche **l'adjectiv**)

L'adjectif s'accorde en genre et en nombre avec le nom auquel il se rapporte, qu'il soit épithète ou attribut. Mais le sursilvan connaît un fonctionnement particulier (voir ci-dessous).

Les adjectifs forment leur **pluriel** comme les noms, avec un **-s** au pluriel normal et un **-a** au pluriel collectif :

grond/gronda, gronds/grondas "grand(e)(s)"

Le **féminin** des adjectifs est formé par l'adjonction d'un **-a**, mais avec quelques aménagements orthographiques, en particulier pour les masculins paroxytons :

nov/nova "neuf, nouveau"
avert/averta "ouvert"
asch/ascha "aigre, acide"
mais **cotschen/cotschna** "rouge" **-en** atone > **-na**
flaivel/flaivla "faible" **-el** atone > **-la**
liber/libra "libre" **-er** atone > **-ra**

---

sursilvan

Le sursilvan connaît une forme différente selon que l'adjectif masculin est épithète (forme de base) ou attribut (muni d'un **-s** dit *s prédicatif*, qui représente le -S du nominatif latin du type BONUS). Ce système se retrouve également dans les temps composés de la conjugaison avec *être* qui procède de même au masculin pluriel (nominatif latin du type BONI) :

il grond mund "le vaste monde" ~ **il mund ei gronds** "le monde est vaste"
il meil tgietschen "la pomme rouge" ~ **il meil ei cotschens** "la p. est rouge"
jeu sun vegnius "je suis venu", **jeu sun vegnida** "je suis venue"
nus essan vegni "nous sommes venus", **nus essan vegnidas** "n. s. venues"

ladin	sursilvan (noter les irréguliers)
nouv/nouva	niev/nova
avert/averta	aviert/aviarta
cotschen/cotschna	tgietschen/cotschna
flaivel/flaivla	fleivel/fleivla
liber/libra	liber/libra
	bien/buna "bon"

Il existe quelques cas particuliers :

agen/atgna "particulier, propre"
mez/mesa "demi"
lartg/largia "large"

Le **comparatif** est formé avec l'adverbe **pli** "plus", et le **superlatif** par **il pli** "le plus", exactement comme en français :

pli grond "plus grand", **il pli grond** "le plus grand"

Mais il existe aussi dans quelques cas des formes synthétiques, qui ne sont pas obligatoires (**pli bun** à côté de **meglier**, par exemple) :

bun "bon", **meglier** "meilleur", **il meglier** "le meilleur"
mal "mauvais", **pir** "pire", **il pir** "le pire"
nausch "mauvais", **mender** "pire", **il mender** "le pire"

Leurs féminins sont respectivement **meglra, pira, mendra**.

---

ladin	sursilvan
agen/aigna ['atçna, 'aikna]	agen/atgna
mez/mezza	miez/mesa
larg [lartç]/largia	lartg/largia
plü grand	pli grond
meglder/megldra	meglier/megliera
pê (inv.) *ou* pêr/pêra	pir/pira
mender/mendra	mender/mendra

L'ADVERBE (en romanche **l'adverb**)

Beaucoup d'adverbes sont formés sur des adjectifs, avec habituellement la forme féminine de ce dernier et le suffixe **-main**. L'accent tonique restant sur la voyelle tonique de l'adjectif, on a donc des proparoxytons (accent sur l'avant-avant-dernière syllabe) :

liber/libra → **libramain**
profund/profunda → **profundamain**
relativ/relativa → **relativamain**

Toutefois, les adjectifs latins n'étaient pas tous en -A au féminin (ceux des 2e et 3e déclinaisons des adjectifs), certains adverbes romanches ont gardé trace de cet ancien féminin dans la formation de l'adverbe, en particulier ceux de plus d'une syllabe terminés par les suffixes accentués **-al** et **-ar** et le suffixe **-il** (cf. français *gentiment*) :

final → **finalmain**
regular → **regularmain**
gentil → **gentilmain**
facil → **facilmain**

L'adverbe de **bun** "bon" est **bain** "bien", et certains adjectifs au masculin peuvent servir d'adverbe (parfois à côté d'une autre forme en **-main**) :

mal "mauvais ; mal"
pir "pire ; pis"
ferm "ferme(ment)"
tard "tardif ; tard"

---

ladin	**sursilvan**
libramaing [-majntç]	libramein
profuondamaing	profundamein
relativ(a)maing	relativamein
finalmaing	finalmein
regularmaing	regularmein
gentilmaing	gentilmein
facilmaing	facilmein
bain	bein
mal	mal
pês	pis
ferm	ferm
tard	tard

Les **comparatifs** et **superlatifs** des adverbes sont les mêmes que les adjectifs vus ci-dessus, auxquels on peut ajouter les comparatifs suivants qui n'y ont pas leur équivalent :

bler "beaucoup" **dapli** (et **pli bler**) "plus"
pauc "peu" **main** (et **pli pauc**) "moins"

Le superlatif peut quelquefois être formé par le suffixe **-ischem** (où l'on reconnaît le suffixe latin -ISSIMUS, cf. fr. *rarissime*) :

charischem "le plus cher", **malischem** "très mal"

Certains adverbes n'ont pas d'adjectifs correspondants :

a) adverbes de *lieu* : **giu** "en bas", **là** "là", **nà** "vers ici", **si** "dessus", **vi** "y, vers là"…

b) adverbes de *temps* : **adina** "toujours", **damaun** "demain", **ier** "hier", **mai** "jamais", **ussa** "maintenant"…

c) adverbes de *manière* : **gugent** "volontiers", **usché** "ainsi, aussi", **uschia** "ainsi, comme ceci"...

d) adverbes de *quantité* : **main** "moins", **in pau** "un peu", **pauc** "peu (de)", **pli** "plus", **quant** "combien", **tant** "tant, autant"…

e) adverbes divers : **forsa** "peut-être", **gea** "oui", **gnanc(a)** "même pas"…

---

ladin	sursilvan
bler, daplü	bia(ra), dapli
pac, main	pauc, meins
V mê, P megl "mieux"	-
bainischem "très bien"	rarissim "très rare"
malischem	
a) giò, là, nan, sü, vi	a) giu, leu, neu, si, vi
b) adüna, daman, her, mai/mâ/mê, uossa	b) adina, damaun, ier, mai, uss(a)
c) gugent/jent, usché, uschea	c) bugen, aschi, aschia
d) main, ün pa, pac, plü, quant, tant	d) meins, pauc, pli, con, ton
e) forsa, (schi), gnanca	e) forsa, gie, gnanc

Le romanche a développé tout un système d'adverbes composés d'une richesse surprenante (et fort utiles dans un pays montagneux), qui correspondent en partie à nos adverbes composés comme "par-dessus, en outre, là-haut" :
almain "au moins", **amez** "au milieu (de)", **amunt** "vers le haut", **dadensvart** "à l'intérieur", **daditg** "depuis longtemps", **dador(a)** "dehors", **dasper(as)** "à côté", **davanttiers** "devant", **davostiers** "à l'arrière", **siador(a)** "vers le haut", **suravi(a)** "là-dessus", **sutvi** "là-dessous", etc.
Comme en latin et en allemand, on oppose des adverbes de *situation* et de *direction* :

(en)dadens "à l'intérieur"	**viaden** "vers l'intérieur"
dador(a) "à l'extérieur"	**viador(a)** "vers l'extérieur"

De plus, et une fois encore d'une manière très semblable à l'allemand, les adverbes comme les prépositions servent à composer une nombre impressionnant de verbes, qui donnent une infinité de nuances. En français et dans les autres langues romanes, ce genre de composition existe mais est beaucoup plus rare (français *s'en aller*, *y avoir*, italien *andare via, ci essere*). En voici une première liste avec le verbe **ir** "aller", mais on pourrait présenter des dizaines d'autres verbes qui fonctionnent de la même manière.

ir per	"aller chercher"
ir davent	"partir, s'en aller"

---

ladin	sursilvan
almain, immez, amunt, dadaintvart, dalönch, dadoura, dasper(a), davant(vart), davovart, sü, suravia, suot	al meins, amiez, amunt, dadentsvart, daditg, dado(ra), dasperas, davontier, davostier, siado(ra), suravi, sutvi
dadaint, inaint dadour, inoura	(en)dadens, viaden dado(ra), viado(ra)
ir per ir davent	ir per ir naven

ir en	"entrer"
ir enavos	"reculer"
ir (en)si	"monter, se lever (soleil)"
ir giu	"descendre, se coucher (soleil)"
ir or(a)	"sortir"
ir spera(s)vi	"passer (par là)"
ir suror(a)	"déborder"
ir vi	"traverser, aller vers"

ladin	sursilvan
ir (in)aint	ir en
ir inavo	ir anavos
ir (in)sü	ir (en)si
ir giò	ir giu
ir (in)oura	ir ora
ir speravia	ir sperasvi
ir suroura	ir surora
ir vi	ir vi

Nous sommes arrivés à un point où il est impossible de masquer aux lecteurs l'influence considérable de l'allemand (et son correspondant oral le *schwytzertütsch*) sur le romanche. Déjà les traits de son orthographe proviennent en partie des conventions graphiques de l'allemand (**sch** *et* **sch**, mais aussi **tsch**, **dsch**, **ü**, **ö**, **z**...), leurs prononciations respectives présentent plusieurs analogies (chuintement des sifflantes[1] devant consonnes, opposition voyelles longues/brèves), le vocabulaire romanche comporte de nombreux emprunts germaniques anciens et tardifs, enfin la structure de ces verbes composés font du romanche la langue la plus influencée par l'allemand et les parlers germaniques voisins[2]. Ce qui naturellement ne diminue en rien son intérêt, bien au contraire.

[1] Mais déjà en latin le S devait être (légèrement) chuinté, comme nous le montrent la prononciation de l'espagnol, du portugais, de l'auvergnat, et même de l'ancien français, puisque les mots anglais *punish, finish* proviennent de formes telles que *punissent, finissent*, etc.

[2] Le français arrive en deuxième position, tant pour sa phonétique que son vocabulaire, mais l'influence y est moindre, et par ailleurs davantage franque qu'alémanique.

Les NUMÉRAUX (en romanche **ils numerals**)

Les cardinaux (en romanche **las cifras cardinalas**)
(chaque nombre, même long, s'écrit toujours en un seul mot)

0	**null(a)**	20	**ventg**
1	**in, ina**	21	**ventgin**
2	**dus, du(a)s**	22	**ventgadus**
3	**trais**	23	**ventgatrais**
4	**quatter**	30	**trenta**
5	**tschintg**	31	**trentin**
6	**sis**	40	**quaranta**
7	**set**	50	**tschuncanta**
8	**otg**	60	**sessanta**
9	**nov**	70	**settanta**
10	**diesch**	80	**otganta**
11	**indesch**	90	**novanta**
12	**dudesch**	100	**tschient**
13	**tredesch**	101	**tschientedin**
14	**quattordesch**	200	**duatschient**
15	**quindesch**	300	**trai(a)tschient**
16	**sedesch**	400	**quattertschient**
17	**deschset**	1000	**milli**
18	**deschdotg**	2000	**duamilli**
19	**deschnov**	**in milliun, ina milliarda**	

---

ladin
nolla, ün(a), duos, trais, quatter, tschinch, ses, set, ot, nouv, desch, ündesch, dudesch, traidesch, quattordesch, quindesch, saidesch, deschset, deschdot, deschnouv, vainch, vainchün, vaincheduos, trenta, trentün, quaranta, tschinquanta, sesanta, settanta, ottanta, novanta, tschient, tschientedün, duatschient, milli, duamilli ; ün milliun, ün milliard

sursilvan
nulla, in(a), dus(duas), treis, quater, tschun, sis, siat, otg, nov, diesch, endisch, dudisch, tredisch, quitordisch, quendisch, sedisch, gissiat, schotg, scheniv, vegn, ventgin, ventgadus, trenta, trentin, curonta, tschunconta, sissonta, siatonta, otgonta, navonta, tschien, duatschien, melli, duamelli ; in milliun, ina milliarda

On trouve les formes collectives **dua** "deux" et **trai(a)** "trois" :
dua, trai(a) pèra chalzers "deux, trois paires de chaussures".

Les ordinaux (en romanche **las cifras ordinalas**)

1er	**emprim, -a, prim, -a** (dates, par exemple)
2^{e}	**segund, -a**
3^{e}	**terz, -a**
4^{e}	**quart, -a**
5^{e}	**tschintgavel, -avla**
6^{e}	**sisavel, -avla**
7^{e}	**settavel, -avla**
8^{e}	**otgavel, -avla**
9^{e}	**novavel, -avla**
10^{e}	**dieschavel, -avla**
21^{e}	**ventginavel, -avla**

Les fractions, les multiples :

½	**in mez, ina mesa**	**simpel, -pla** "simple"
1 ½	**in e mez**	**dubel, -bla** "double"
2 ½	**dus e mez**	**tripel, -pla** "triple"
⅓	**in terz**	**traidubel, -pla** "triple"
¼	**in quart**	**quadripel, -pla** "quadruple"
¾	**trais quarts**	**quatterdubel** "quadruple"
1 ¼	**in ed in quart**	**ina gia(da)** "une fois"
⅕	**in tschintgavel**	**du(a)s gia(das)** "deux fois"

---

ladin
prüm(a), seguond(a), terz(a), quart(a), tschintgavel(-avla), sesavel, settavel, ottavel, novavel, deschavel, vainchünavel ; ün(a) mez(za), ün e mez, duos e mez, ün terz, ün quart, trais quarts, ün ed ün quart, ün tschintgavel ; simpel (-pla), dubel(-bla), tripel(-pla), üna jada, duos jà/jadas

sursilvan
(em)prem(a), secund(a), tierz(tiarza), quart(a), tschunavel(-avla)/quint(a), sisavel, siatavel, otgavel, novavel, dieschavel, ventginavel ; in miez/ina mesa, in e miez, dus e miez, in tierz, in quart, treis quarts, in ed in quart, in tschunavel/quint ; sempel(-pla), dubel(-bla), tripel(-pla)/treidubel, quaterdubel ; in ga(da), duas ga(das)

Le PRONOM (en romanche **il pronom**)

1 Le pronom personnel (en romanche **il pronom persunal**)

Pronoms sujets (s'utilisent à peu près comme en français)

1e pers. sg.	**jau** "je, moi"	pl.	**nus** "nous"
2e pers. sg.	**ti** "tu, toi"	pl.	**vus** "vous"
3e pers. sg. masculin	**el** "il, lui"	pl.	**els** "ils, eux"
féminin	**ella** "elle"	pl.	**ellas** "elles"
neutre	**i, igl** (dev. voy.) "il, ce"	pl.	**i** (m/f.)
indéfini	**ins** "on"		

Comme l'on fait l'inversion après un complément en début de phrase (**oz gid jau** "aujourd'hui j'aide"), on peut trouver dans cette position inaccentuée (dite *enclitique*) des formes raccourcies du pronom sujet :

oz gida "aujourd'hui j'aide"	**-a**
oz gidas "aujourd'hui tu aides"	**-**
oz gida'l/'la "aujourd'hui il/elle aide"	**'l/'la**
oz gidi "aujourd'hui il/elle aide"	**-i**
oz gidainsa "aujourd'hui nous aidons"	**-sa**
oz gidais "aujourd'hui vous aidez"	**-**
oz gidani "aujourd'hui ils/elles aident"	**-i**

Toutefois elles sont déconseillées en RG, qui préfère les formes *analytiques*, sauf quelques formes figées : co **vai** ? "comment ça va ?", èsi ['ɛsi] "est-ce, est-il ?".

---

jau : V eu, P eau/jau, M ia, T jou, S jeu
ti : V tü, P tü, M te, T tei, S ti
el : V el, P el, M el, T el, S el
ella : V ella, P ella, M ella, T ella, S ella
i(gl) : L i(d), M i(gl), T igl, S ei/igl
ins : L i + forme réfléchie, P i + 3e pl., M ins, T ign, S ins
nus : L no/nus, M nous, T nus, S nus
vus : L vo/vus, M vous, T vus, S vus
els : V els, P els, M els, T els, S els
ellas : V ellas, P ellas, M ellas, T ellas, S ellas
i : L i(d), T i, S ei/igl
Conjugaison avec inversion et formes enclitiques :
ladin : güda, güdast, güda'l/güd'la, güdaina, güdaivat, güdna
surmiran : compra, -prast, -pra'l/-pr'la, cumprainsa, cumprez, comprigl

La forme de politesse est **vus** ou **Vus**.

Pronoms objets accentués

1e pers. sg.	**mai**	pl.	**nus**
2e pers. sg.	**tai**	pl.	**vus**
3e pers. sg. masculin	**el**	pl.	**els**
féminin	**ella**	pl.	**ellas**

Ils servent aussi bien comme objet direct (**ti vesas ella** "tu la vois") que comme complément prépositionnel (**ti das a mai** "tu me donnes")

Pronoms objets inaccentués (directs et indirects)

1e pers. sg.	**ma, m'** (dev. voy.)	pl.	**ans**
2e pers. sg.	**ta, t'** (dev. voy.)	pl.	**as**
3e pers. sg. masculin	**al**	pl.	**als**
féminin	**la, l'** (dev. voy.)	pl.	**las**

exemples :

el ma scriva "il m'écrit" **el ans scriva** "il nous écrit"

el al scriva "il lui écrit, à lui" **el la scriva** "il lui écrit, à elle"

---

vus/Vus : L Vo/Vus/El(la)/El(la)s, M vous, T vus, S vus/Vus

mai : V mai, P me, M me, T me/mei, S mei
tai : V tai, P te, M tè, T t(g)ei/te, S tei
el : V el, P el, M el, T el, S el
ella : V ella, P ella, M ella, T ella, S ella
nus : L no/nus, M nous, T nus, S nus
vus : L vo/vus, M vous, T vus, S vus
els : V els, P els, M els, T els, S els
ellas : V ellas, P ellas, M ellas, T ellas, S ellas

ma : L am, M am, T mi, S mi
ta : L at/ta, M at, T ta/tgi, S ti
al : L til, M igl, T igl/al, S el
la : L tilla, M la, T la, S ella
ans : L ans, M ans, T nus, S nus
as : L as, M az, T vus, S vus
als : L tils, M igls, T igls/als, S els
las : L tillas, M las, T las, S ellas

L'accord du participe passé, facultatif mais recommandé, se fait avec le complément d'objet direct quand il précède. Noter la place de ce pronom objet au passé composé et au futur :

el m'ha envidà/-ada "il m'a invité(e)"

el l'ha envidà/-ada "il l'a invitée"

el ma vegn a gidar "il m'aidera"

La place de ce pronom objet est la même avec les verbes **far** "faire" et **laschar** "laisser", pour les "verbes modaux" (vouloir, devoir, pouvoir) il peut aussi être placé après ce verbe :

el ta lascha purtar quest cudesch "il te laisse porter ce livre"

el ans fa emprender poesias "ils nous fait apprendre des poésies"

mais :

el ma vul dar in cudesch *ou* **el vul ma dar in cudesch**

"il veut me donner un livre"

nus las stuain emprender *ou* **nus stuain las emprender**

"nous devons les apprendre"

A l'impératif, le pronom inaccentué se place devant le verbe :

ma scriva ! "écris-moi", **as lavai !** "lavez-vous"

Noter la place de la négation (qui sera vue page 93) **na (betg)** :

el na ma scriva (betg) "il ne m'écrit pas"

el na m'ha (betg) envidà "il ne m'a pas invité"

el na ma vegn (betg) a gidar "il ne m'invitera pas"

el na ta lascha (betg) far quai "il ne te laisse pas faire cela"

el na ma vul (betg) dar il cudesch "il ne veut pas me donner le livre"

(ou **el na vul (betg) ma dar il cudesch)**

na ma scriva betg ! "ne m'écris pas !

On a pu le constater, le RG ne fait pas de différence entre les pronoms objets directs et indirects ; le français d'ailleurs ne le fait que pour les 3es personnes du singulier et du pluriel : le/la ~ lui, les ~ leur.
Quand on a deux pronoms objets (direct et indirect), les idiomes présentent plusieurs solutions. En RG, on recommande d'utiliser l'objet direct inaccentué et l'objet indirect accentué, comme c'est le cas en ladin et dans les idiomes centraux.
Ainsi pour traduire "tu me le donnes" et "il te la donne", on peut dire :

ti al das a mai, el la dat a tai

On ne peut utiliser deux pronoms inaccentués que dans les cas suivants : **ma, ta + al(s), la(s)**. Le premier est l'objet indirect, et les deux pronoms ne peuvent être séparés. Ce qui donne pour les mêmes phrases une tournure proche du français :

ti m'al das, el ta la dat

Rien n'empêche cependant de dire, comme en sursilvan :

ti das el a mai, el dat ella a tai

2 Le pronom réfléchi (en romanche **il pronom reflexiv**)

pronoms réfléchis inaccentués

1e pers. sg.	**ma, m'** (dev. voy.)	pl.	**ans**
2e pers. sg.	**ta, t'** (dev. voy.)	pl.	**as**
3e pers. sg.	**sa, s'** (dev. voy.)	pl.	**sa, s'** (dev. voy.)

La place des pronoms réfléchis inaccentués sera indiquée plus loin lors de la conjugaison des verbes pronominaux. Seuls les temps composés présentent des difficultés, aux temps simples on a la même construction qu'en français : **jau ma lav** "je me lave".

Pronoms réfléchis inaccentués :

Le sutsilvan et le sursilvan n'ont pas ces pronoms, le réfléchi est soudé au verbe et reste invariable : T salavar, S selavar "se laver" (mais noter les cas particuliers : S s'implantar "s'implanter", sesalzar "se lever", à côté de alzar "lever").

En **ladin** on trouve :

1e pers. sg.	**am, m'** (devant voy.)	pl.	**'ns**
2e pers. sg.	**at, t'** (devant voy.)	pl.	**'s**
3e pers. sg.	**as, s'** (devant voy.)	pl.	**as, s'** (devant voy.)

pronoms réfléchis accentués

1e pers. sg.	**mai**	pl.	**nus**
2e pers. sg.	**tai**	pl.	**vus**
3e pers. sg.	**sai**	pl.	**sai**

Exemples : **jau lavur per mai** "je travaille pour moi"
el lavura per sai "il travaille pour soi/lui"

Comme nous le verrons aux pronoms démonstratifs, ces pronoms peuvent être renforcés avec **sez** :

jau lavur per mamez, el lavura per sasez

3 Le pronom possessif (en romanche **il pronom possessiv**)

Nous rangeons ici l'**adjectif possessif** :

	masc. sg.	masc. pl.	fémin. sg.	fémin. pl.
1e sg.	**mes**	**mes**	**mia**	**mias**
2e sg.	**tes**	**tes**	**tia**	**tias**
3e sg.	**ses**	**ses**	**sia**	**sias**
1e pl.	**noss**	**noss**	**nossa**	**nossas**
2e pl.	**voss**	**voss**	**vossa**	**vossas**
3e pl.	**lur**	**lur**	**lur**	**lur**

Exemples : **mes cudesch** "mon livre", **tes cudeschs** "tes livres", **sia chasa** "sa maison", **nossas chasas** "nos maisons".

On peut les utiliser comme **attributs**, de la même manière :

quest cudesch è mes "ce livre-ci est mien (à moi)"

tschellas chasas èn nossas "ces maisons-là sont nôtres (à nous)"

---

ladin

V mai, tai, sai (P me, te, se), nus/no, vus/vo, sai (P se) ;
meis, meis, m(i)a, m(i)as ; teis, teis, t(i)a, t(i)as ; seis, seis, s(i)a, s(i)as ;
nos, noss, nossa, nossas ; vos, voss, vossa, vossas ; lur, lur, lur, lur

sursilvan

mei, tei, sei, nus, vus, sei ;
miu, mes, mia, mias ; tiu, tia, tes, tias ; siu, sia, ses, sias ;
nies, nos, nossa, nossas ; vies, vos, vossa, vossas ; lur, lur, lur, lur
En sursilvan, les formes comme **attributs** sont différentes au masculin singulier, où l'on a : mes, tes, ses, nos, vos, lur

le **pronom possessif** proprement dit :
masc. sg. **il mieu, il tieu, il sieu ; il noss, il voss, il lur**
masc. pl. **ils mes, ils tes, ils ses ; ils noss, ils voss, ils lur**
fém. sg. **la mia, la tia, la sia ; la nossa, la vossa, la lur**
fém. pl. **las mias, las tias, las sias ; las nossas, las vossas, las lur**
correspond exactement au français "le mien, la sienne, les vôtres"

4 Le pronom démonstratif (en romanche **il pronom demonstrativ**)

quest(s), questa(s) "celui-ci"
quel(s), quella(s), quai (n.) "celui-ci, celui-là"
lez(s), lezza(s), gliez (neutre) "celui-là"
tschel(s), tschella(s), tschai (n) "cet autre-là"
tal(s), tala(s) "tel"
medem(s), medema(s) "le même" (latin IDEM)
sez(s), sezza(s) "(lui-)même" (latin IPSE)

Ils peuvent tous servir comme pronoms ou comme adjectifs, sauf les neutres **quai** "ceci", **gliez** "cela", **tschai** "l'autre, le reste", qui ne peuvent être que pronoms. En revanche on peut donc dire :
quel è ferm "celui-ci est fort", **quel cudesch** "ce livre"
On remplace souvent **tal(a)** par **da quest(a)s/quel(la)s** :
ina tala lavur, ina da questas lavurs
"un tel travail = un de ces travaux"

---

ladin
il mieu, il tieu, il sieu ; il nos/nös, il vos/vös, il lur
ils meis, ils teis, ils seis ; ils noss, ils voss, ils lur
la mia, la tia, la sia ; la nossa, la vossa, la lur
las mias, las tias, las sias ; las nossas, las vossas, las lur
quist, quel, quai, -, tschel, tschai, tal, medem/(g)listess, stess/svess

sursilvan
il miu, il tiu, il siu ; il nies, il vies, il lur
ils mes, ils tes, ils ses ; ils nos, ils vos, ils lur
la mia, la tia, la sia ; la nossa, la vossa, la lur
las mias, las tias, las sias ; las nossas, las vossas, las lur
quest, quel, quei, lez/gliez, tschel/tschei, tal, medem, sez

Le pronom **sez** s'accorde en genre et en nombre avec le pronom :

	sujet	objet	
1ère pers. sg.	**jau mez(za)**	**mamez(za)**	"moi-même"
2e pers. sg.	**ti tez(za)**	**tatez(za)**	"toi-même"
3e pers. sg.	**el sez, ella sezza**		"lui-même, elle-même"
1e pers. pl.	**nus sezs, sezzas**		"nous-mêmes"
2e pers. pl.	**vus sezs, sezzas**		"vous-mêmes"
3e pers. pl.	**els sezs, ellas sezzas**		"eux-mêmes, elles-mêmes"

Si l'objet se réfère au sujet, la forme des 3es personnes du singulier et du pluriel se dit **sasez** "soi-même".

5 Le pronom relatif (en romanche **il pronom relativ**)

Le pronom relatif sujet et objet direct est **che** :

l'um che va a chasa "l'homme *qui* va à la maison"
la chasa che ti vesas "la maison *que* tu vois"

Avec une préposition on utilise **il(s) qual(s), la(s) quala(s)** :

il giuven, al qual jau hai scrit "le jeune à qui j'ai écrit"
la dunna, da la quala el discurra "la femme dont il parle"
il patrun, per il qual el lavura "le patron pour qui il travaille"

6 Le pronom interrogatif (en romanche **il pronom interrogativ**)

tgi ?	"qui ?"	**tge ?**	"quoi ? qu'est-ce qui ?"
qual(a)(s) ?		"quel ?"	
tgenin(a)(s) ?		"quelle sorte de ?"	

---

ladin
eu/eau, tü, el, ella, mai, tai, sai, nus, vus, els, ellas, svess(a)/stess(a) *invar.*;
chi "qui" (sujet), cha "que" (objet), il(s) qual(s), la(s) quala(s) ;
chi ? che ? qual(a)(s) ? chenün(a)(s) ?

sursilvan
jeu mez(za), ti tez(za), el sez, ella sezza, memez(za), tetez(za), nu(s)sez(za)s, vu(s)sez(za)s, els sezs, ellas sez(za)s, sesez(za) ;
che, il(s) qual(s), la(s) quala(s)
tgi ? tgei ? qual(a)(s) ? tgeinin(a)(s) ?

7 Le pronom indéfini (en romanche **il pronom indefinit**)

1) **pronoms indéfinis invariables**

a) les pronoms proprement dits (ne s'utilisent qu'en absolu) :

i, igl (devant voy.)	"il, ce" (neutre)
ins	"on"
insatgi	"quelqu'un"
insatge	"quelque chose"
nagut	"rien"

b) les adjectifs indéfinis :

inqual	"quelque, plus d'un"
mintga	"chaque"

2) **pronoms indéfinis variables**

a) les pronoms proprement dits (ne s'utilisent qu'en absolu) :

inqualin(a)	"quelque, d'aucuns"
mintgin(a)	"chacun"
tschertin(a)s	"certains"

b) peuvent être pronoms ou adjectifs :

auter(s), autra(s)	"autre"
bler(s), blera(s)	"beaucoup"
insaquant(a)(s)	"quelques"
intgin(s), intgina(s)	"quelqu'un, quelques"
nagin(s), nagina(s)	"personne, aucun"
pauc(s), pauca(s)	"peu de"
pli(r)s, pliras	"plusieurs"
scadin(a)	"chaque, chacun"
tschert(s), tscherta(s)	"certain"
tut(s), tutta(s),	
ou **tut il(s), tut la(s)**	"tout, toute, tous, toutes"

---

ladin

i(d), -, inchün/qualchün, qualchosa, nüglia/nöglia/inguotta, alch/qualche, mincha ; ünqualün(a), minchün(a), tschertadün(a)s ; oter(otra), bler(a), alchün(a)s/ var(sa)quant(a)s, (n)ingün, pac(a)(s), p(l)üs(sas), tuot(ta)(s)

sursilvan

ei/igl, ins, enzatgi, enzatgei, nuot, enqual, mintga ; enqualin(a), mintgin, certin(a)s, auter(autra), bia(biara/biar(a)s), enzacon(ta)s, entgin(a), negin(a), pauc(a), plir(a)s, scadin(a), cert(a), tut(ta)(s)/tut il/la/ils/las

La PRÉPOSITION

Les principales prépositions sont les suivantes :
a(d) "à, près de, en, sur", **avant** "avant, devant", **cun** "avec", **(en)cunter** "contre", **da(d'), d'** "de", **danor** "sauf", **dapi** "depuis", **davart** "quant à, concernant", **davart da** "de la part de", **davos** "derrière", **durant** "pendant", **en** "en, dans", **(en)fin** "jusqu'à", **(ent)aifer** "dans (un délai de), sous", **enturn** "autour de", **or** "hors de", **per** "pour, par", **segund** "selon", **senza** "sans", **sin** "sur", **sper** "près de", **suenter** "après", **sur** "au-dessus de", **sut** "sous", **tar** "près de, chez", **tenor** "d'après, selon", **tranter** "entre", **(a)tras** "à travers", **ultra** "à côté de", **vers** "vers", **vi** "à, vers", **vi da** "à, par", **visavi** "en face de".
Nous avons vu plus haut que certains prépositions peuvent former avec *l'article défini* des formes *contractées.*

La CONJONCTION

1) Les **conjonctions de coordination**
e(d) "et", **ma** "mais", **dentant, però** "mais", **u/ubain** "ou", **ni** "ni".

2) Les **conjonctions de subordination**
La plus importante est **che, ch'** "que".

---

ladin
a(d), (av)ant, cun, cunter, da(d), exceptà, daspö, davart, davart da, davo, dürant, in, (in)fin, infra, intuorn, our da, per, seguond, sainza, sün, (da)sper, suainter "d'après", sur, suot, pro, tenor, tanter, tras, ultra, vers, vi, vi da, visavi
→ En **ladin**, comme en espagnol, la préposition **a(d)** sert à introduire le nom de personne objet direct : *cugnuoscher* **a** *qualchün* "connaître quelqu'un" (mais *cugnuoscher qualchosa* "connaître quelque chose").
e(d), ma/mo, intant "entretemps", però, o(bain), ne/ni ; cha/ch'

sursilvan
a(d), avon, cun, (en)cunter, da(d)/d' (appartenance) de(d)/d' (provenance), deno/dano, dapi, davart, davart de, davos, duront, en, fin, (ent)eifer, entuorn, ord(a), per, secund, senza, sin, sper, suenter, sur, sut, ?, tenor, denter, (a)tras, ultra, viers, vi, vid(a), visavi.
e(d), mo, denton, u, ni ; che

Diverses autres :
- de *temps* : **cur(a) che** "quand", **suenter che** "après que", **dapi che** "depuis que", **avant che** "avant que", **durant che** "pendant que", **(en)fin che** "jusqu'à ce que", **entant che** "tandis que", etc.;
- de *cause* : **perquai che, essend/siond che, damai che, cunquai che, gia che** "parce que, puisque" ;
- de *but* : **per che, afin che, sinaquai che** "pour que, afin que" ;
- *consécutives* : **che, uschia che, da/en maniera che, da/en moda che** "si bien que, de sorte que" ;
- de *condition* : **sche** "si", **nun che** "à moins que" ;
- *comparatives* : **sco (che)** "comme, ainsi que", **sco sche** "comme si" ;
- *concessives* : **schebain che** "bien que, quoique" ;
- *restrictives* : **era sche** "même si".

3) Les **conjonctions** qui introduisent une **interrogation indirecte**
- **sche** "si" : **jau na sai betg, sch'el vegn** "je ne sais pas s'il vient";
- **co che** "comment" : **jau na sai betg, co ch'el ha num** "je ne sais pas comment il s'appelle";
- **quant che** "combien" : **nagin na sa, quant ch'el ha pati** "personne ne sait combien il a souffert";
- **cur(a) che** "quand" : **jau na sai betg, cur(a) ch'el vegn a chasa** "je ne sais pas quand il vient à la maison";
- **nua che** "où" : **jau na sai betg, nua ch'el va** "je ne sais pas où il va"
- **pertge che** "pourquoi" **jau na sai betg, pertge che nus essan qua** "je ne sais pas pourquoi nous sommes ici".

---

ladin
cur cha, davo cha, daspö cha, (av)ant cha, dürant cha, (in)fin cha, intant cha ; perche/perquai/pervi cha, siond cha, oramai cha, causa cha ; per cha ; uschè cha, da maniera cha, da möd cha ; scha, a main cha ; sco (cha), sco (s)cha ; schabain cha ; eir scha ;
scha, co cha, quant cha, cur cha, ingio cha, perquei che

sursilvan
cu(ra) che, suenter che, dapi che, avon che, duront che, fin che, denton che ; pertgei che, essend che, damai che, cunquei che, gia che ; per che, afin che, sinaquei che ; aschia che, da maniera che ; sche, nunche ; sco, sco sche ; schebein (che) ; era sche ;
sche, sco ; con ; cura ; nua ; pertgei

Il existe beaucoup d'autres prépositions et conjonctions dans les idiomes romanches ; d'ailleurs on retrouve en partie cette richesse et cette diversité en RG, quand on accepte des variantes **(en)cunter, (ent)aifer, perquai che/essend/siond che/damai che/cunquai che/gia che**. De la même manière, en français, nous disons "bien que, quoique", mais également "malgré que", forme critiquée par nos grammairiens, et "encore que", d'un français plus soutenu.

La NÉGATION

L'adverbe "non" (comme réponse) se dit **na**.

Cette particule est utilisée également comme négation dans la phrase, avec facultativement le mot **betg**, d'une manière assez proche du français "ne…pas".

el na vegn a chasa "il ne vient pas à la maison"
ou **el na vegn betg a chasa**

Devant voyelle et *h*, **na** peut se réduire à **n'**, mais alors **betg** est obligatoire ; dans le même cas on peut aussi utiliser **nun** (seul).

el n'è betg a chasa "il n'est pas à la maison"
ou **el nun è a chasa**

La place de **na, n'** et **nun** est la même que celle du français "ne".
Voir aussi page 85, dernier paragraphe.

---

na "non" : V na, P na, M na, T na, S na
betg : V brich, P brich, M betg, T betg(a), S buc(a)
nun : V nu(n), P nun, S nun

Le VERBE (en romanche **il verb**)

Les verbes réguliers, l'infinitif (en romanche **l'infinitiv**)

Les verbes se répartissent en quatre conjugaisons, correspondant aux quatre conjugaisons latines :

1e : CANTĀRE	>	**chantar**	"chanter"
2e : TEMĒRE	>	**temair**	"craindre"
3e : VENDĔRE	>	**vender**	"vendre"
4e : FINĪRE	>	**finir**	"finir"

A ces quatre types s'ajoutent les verbes dits "inchoatifs", dans les 1e et 4e conjugaisons, où s'ajoute un infixe **-esch-** [ɛʃ] aux 3 personnes du singulier et à la 3e personne du pluriel. Le français, comme d'autres langues romanes, connaît ce type pour certains verbes en *-ir*, puisque nous disons *nous fin-iss-ons (finir)*, à côté de *nous part-ons (partir)*. Cet infixe remonte au latin -ESC- qui indiquait une action qui commence, d'où le nom de *inchoatif*. Certains verbes peuvent se conjuguer des deux manières : *dubitar, el dubita* ou *el dubitescha.*
La conjugaison, du présent en particulier, connaît une particularité qui remonte également au latin, c'est *l'alternance accentuelle* sur le radical aux 3 personnes du singulier et à la 3e personne du pluriel, mais sur la désinence aux 1e et 2e personnes du pluriel, alternance qu'on retrouve dans toutes les langues romanes y compris en français :

latin		*RG*	*français*
CANTO	>	chant	je chante
CANTAS	>	chantas	tu chantes
CANTAT	>	chanta	il chante
CANTAMUS	>	chantain	nous chantons
CANTATIS	>	chantais	vous chantez
CANTANT	>	chantan	ils chantent

Voici les infinitifs dans les idiomes :
chantar : V chantar, P chanter, M cantar, T cantar, S cantar
temair : L tmair, M tameir, T tamer, S temer
vender : L vender, M vender, T vender, S vender
partir : L partir, M parteir, T partir, S partir

Phénomène lié à l'alternance accentuelle, la conjugaison romanche connaît de plus *l'alternance vocalique*. On la trouve aussi en français : *mener, je mène, nous menons ; pouvoir, il peut, nous pouvons ; devoir, il doit, nous devons* ; *savoir, il sait, nous savons* ; *venir, il vient, nous venons*. C'est que l'évolution de voyelles toniques du latin a été différente de celle des voyelles prétoniques. Cette alternance existe ailleurs dans la langue : *fain* "foin" - *fanadur* "juillet", *muntogna* "montagne" - *muntagnard* "montagnard", *duvrar* "employer" - *el dovra* "il emploie" - *diever* "emploi".
Voici différents types d'alernances vocaliques que l'on rencontre :

- **purtar, el porta, nus purtain** "porter"
- **morder, el morda, nus murdain** "mordre"
- **manar, el maina, nus manain** "mener"
- **baiver, el baiva, nus bavain** "boire"
- **clamar, el cloma, nus clamain** "appeler, crier"
- **ludar, el lauda, nus ludain** "louer"

Cette alternance se retrouve dans tous les parlers, mais pas exactement de la même manière et pour les mêmes verbes. Certaines alternances localisées sont ignorées en RG, et inversement le RG connaît certaines alternances ignorées par l'une ou l'autre variété.

ladin

- **fundar, el fuonda, no fundain** "fonder"
- **dvantar, el dvainta, nos dvantain** "devenir"
- **agravar, el agreiva no agravain** "surcharger"
- **cumadar, el cumoda no cumadain** "réparer"
- **baiver, el baiva, no bavain** "boire"
- **entrar, el aintra, no entrain** "entrer"
- **sentir, el sainta, no sentin** "sentir"
- **cusgliar, el cussaglia, no cusgliain** "conseiller"

sursilvan

- **purtar, el porta, nus purtein** "porter"
- **stimar, el stema, nus stimein** "estimer"
- **crer, jeu crei(g)el, nus cartein** "croire"
- **cantar, el conta, nus cantein** "chanter"
- **beiber, el beiba, nus buein/buin** "boire"
- **menar, el meina, nus menein** "mener"
- **scher, jeu schaiel, nus schisch(e)in** "gésir, être couché"
- **trer, el trai/tila, nus targein** "tirer" (= *traire*)

le présent de l'indicatif (en romanche **l'indicativ preschent**)

première conjugaison : **-ar**

gidar aider		***gratular*** féliciter (verbe dit "inchoatif")
jau	*gid*	*gratulesch*
ti	*gidas*	*gratuleschas*
el	*gida*	*gratulescha*
nus	*gidain*	*gratulain*
vus	*gidais*	*gratulais*
els	*gidan*	*gratuleschan*

Comme la 1ère personne se signale par l'absence de désinence, certains verbes y développent une désinence *-el*, en particulier comme syllabe d'appui : *jau cumprel, avdel, sufflel, mangel, annunziel*. On la trouve également dans d'autres conjugaisons : *jau dovrel (duvrar), dirigel (diriger), fugel (fugir), plaschel (plaschair).*

---

ladin	sursilvan
salüdar saluer	***mirar*** regarder
eu salüd [-t]	*jeu mirel*
tü salüdast [-ʃ]	*ti miras*
el salüda	*el mira*
no salüdain	*nus mirein*
vo salüdaivat/-dais	*vus mireis*
els salüdan	*els miran*

verbes inchoatifs :

gratular féliciter	***gratular*** féliciter
eu gratulesch	*jeu gratuleschel*
no gratulain	*nus gratuleins*

Noter la 1ère personne en *-el* en sursilvan, désinence inconnue en ladin : L *eu cumpr, eu avd* [-ft], *eu sofl, eu mang* [tç], *eu annunzch* [-ntstç].

2e conjugaison : **-air**	3e conjugaison : **-er** (inaccentué)
temair craindre	***vender*** vendre

jau	*tem*	*vend*
ti	*temas*	*vendas*
el	*tema*	*venda*
nus	*temain*	*vendain*
vus	*temais*	*vendais*
els	*teman*	*vendan*

Il n'y a pas de différence avec la 1ère conjugaison, bien que les formes étaient en partie différenciées en latin, et le sont encore partiellement dans certains idiomes. Toutefois, plusieurs verbes de la troisième conjugaison ont à la 1ère et 2e personnes du pluriel les terminaisons de la 4e : *-in, -is* (*currer, ceder* et leurs composés, *assister* et les autres verbes en *-sister*, *exister*, les verbes en *-poner*, *diriger, eriger, curreger, crescher, nascher, repeter, negliger, tusser, cuser*).

---

ladin	sursilvan
tmair craindre	***temer*** craindre
eu tem	*jeu temel*
tü temmast	*ti temies*
el temma	*el temi*
no tmain	*nus temein/temin*
vo tmaivat	*vus temeis/temis*
els temman	*els teman*
vender vendre	***vender*** vendre
eu vend	*jeu vendel*
tü vendast	*ti vendas*
el venda	*el venda*
no vendain	*nus vendein/vendin*
vo vendaivat	*vus vendeis/vendis*
els vendan	*els vendan*

Le ladin connaît aussi quelques verbes de la 3e conjugaison, comme *assister*, qui ont aux 1ère et 2e personnes du pluriel les terminaisons de la 4e : *-in, -ivat*.

4e conjugaison : **-ir**

partir partir	***finir*** finir (verbe dit "inchoatif")
jau *part*	*finesch*
ti *partas*	*fineschas*
el *parta*	*finescha*
nus *partin*	*finin*
vus *partis*	*finis*
els *partan*	*fineschan*

On notera les formes particulières des 1ère et 2e personnes du pluriel, communes avec celles de certains verbes de la 3e conjugaison, mais ce qui là est l'exception est ici la règle.
On a vu aux pronoms sujets les formes enclitiques par inversion.

---

ladin	sursilvan
sentir (res)sentir	***sentir*** (res)sentir
eu saint	*jeu sentel*
tü saintast	*ti sentas*
el sainta	*el senta*
no sentin	*nus sentin*
vo sentivat	*vus sentis*
els saintan	*els sentan*

verbes inchoatifs :

abolir abolir	***finir*** finir
eu abolisch	*jeu fineschel*
tü abolischast	*ti fineschas*
el abolischa	*el finescha*
no abolin	*nus finin*
vo abolivat	*vus finis*
els abolischan	*els fineschan*

Avec le verbe **sentir**, nous avons un bon exemple d'alternance vocalique localisée : régulière en ladin, inconnue pour ce verbe en sursilvan.

Le subjonctif présent (en romanche : **il conjunctiv preschent**)

Les quatre conjugaisons sont identiques, avec un signe modal *-i-* placé avant la désinence. L'accent tonique est toujours sur le radical (avec le cas échéant la variation de la voyelle tonique : *purtar - che jau portia*, ou la forme inchoative, où l'infixe porte l'accent : *che jau fineschia*). Seuls quelques verbes, comme *avoir* et *être*, que nous verrons plus loin, sont irréguliers. Chaque modèle n'a que trois formes, d'où les similitudes entre personnes différentes.

	1^{e}	2^{e}	3^{e}	4^{e}
che jau	***gidia***	***temia***	***vendia***	***partia***
che ti	***gidias***	***temias***	***vendias***	***partias***
che el	***gidia***	***temia***	***vendia***	***partia***
che nus	***gidian***	***temian***	***vendian***	***partian***
che vus	***gidias***	***temias***	***vendias***	***partias***
che els	***gidian***	***temian***	***vendian***	***partian***

---

ladin

	1^{e}	2^{e}	3^{e}	4^{e}
ch'eu	*salüda*	*temma*	*venda*	*sainta*
cha tü	*salüdast*	*temmast*	*vendast*	*saintast*
ch'el	*salüda*	*temma*	*venda*	*sainta*
cha no	*salüdan*	*temman*	*vendan*	*saintan*
cha vo	*salüdat*	*temmat*	*vendat*	*saintat*
ch'els	*salüdan*	*temman*	*vendan*	*saintan*

sursilvan

	1^{e}	2^{e}	3^{e}	4^{e}
che jeu	*miri*	*temi*	*vendi*	*senti*
che ti	*miries*	*temies*	*vendies*	*senties*
ch'el	*miri*	*temi*	*vendi*	*senti*
che nus	*mireien*	*temeien/-mîen*	*vendeien/-dîen*	*sentîen*
che vus	*mireies*	*temeies/-mîes*	*vendeies/-dîes*	*sentîes*
ch'els	*mirien*	*temien*	*vendien*	*sentien*

En ladin, mais non en sursilvan, la forme inchoative se retrouve dans toutes les personnes du subjonctif : *cha no gratuleschan, cha vo gratuleschat*. En sursilvan l'accent peut aussi porter sur le radical à toutes les personnes.

L'impératif (en romanche **l'imperativ**)

Il n'existe qu'aux 2e, 4e et 5e personnes, pour les autres personnes on utilise le subjonctif présent :

1[e]	2[e]	3[e]	4[e]
gida !	*tema !*	*venda !*	*parta !*
gidain !	*temain !*	*vendain !*	*partin !*
gidai !	*temai !*	*vendai !*	*parti !*

Comme pour les autres temps, on a la variation vocalique (*porta - purtai*) et la forme inchoative (*gratulescha - gratulai*). Les verbes de la 3e conjugaison qui au présent ont les désinences de la 4e présentent le même phénomène ici : *curri !* "courez", *assisti !* "assistez".

Les verbes pronominaux présentent les formes suivantes :

ta lava ! "lave-toi" *ta serva !* "sers-toi"

as lavai ! "lavez-vous" *as servi !* "servez-vous"

Quant à l'impératif négatif, il fonctionne ainsi :

(na) gida betg ! *(na) gidai betg !*

---

ladin (les formes négatives rappellent d'autres langues romanes)

	1[e]	2[e]	3[e]	4[e]
	salüda !	*temma !*	*venda !*	*sainta !*
négatif	*nu salüdar !*	*nu tmair !*	*nu vender !*	*nu sentir !*
	salüdain(a) !	*tmain(a) !*	*vendain(a) !*	*sentain(a) !*
	salüdai !	*tmai !*	*vendai !*	*senti !*
négatif	*nu salüdarai !*	*nu tmarai !*	*nu vendarai !*	*nu sentirai !*

sursilvan

1[e]	2[e]	3[e]	4[e]
mira !	*tema !*	*venda !*	*senta !*
lein mirar !	*lein temer !*	*lein vender*	*lein sentir !*
mirei !	*temei/temi !*	*vendei/vendi !*	*senti !*

Pour la 1ère personne du pluriel en sursilvan, on utilise la forme *lein* ("voulons") + infinitif.

L'imparfait de l'indicatif (en romanche **l'imperfect**)

Il ne présente que trois types, en *-ava*, *-eva* et *-iva*. Le signe distinctif est le *-v-* et les terminaisons sont celles du subjonctif présent. Le radical est celui de l'infinitif, l'accent porte sur la voyelle précédent le *-v-*, et le suffixe inchoatif *-esch-* est toujours absent. Pour les verbes "mixtes" de la 3e conjugaison du type *currer*, on peut trouver la forme *curriva* à côté de *curreva*.

	1e	2e	3e	4e
jau	*gidava*	*temeva*	*vendeva*	*partiva*
ti	*gidavas*	*temevas*	*vendevas*	*partivas*
el	*gidava*	*temeva*	*vendeva*	*partiva*
nus	*gidavan*	*temevan*	*vendevan*	*partivan*
vus	*gidavas*	*temevas*	*vendevas*	*partivas*
els	*gidavan*	*temevan*	*vendevan*	*partivan*

---

ladin

	1e	2e	3e	4e
eu	*salüdaiva*	*tmaiva*	*vendaiva*	*sentiva*
tü	*salüdaivast*	*tmaivast*	*vendaivast*	*sentivast*
el	*salüdaiva*	*tmaiva*	*vendaiva*	*sentiva*
no	*salüdaivan*	*tmaivan*	*vendaivan*	*sentivan*
vo	*salüdaivat*	*tmaivat*	*vendaivat*	*sentivat*
els	*salüdaivan*	*tmaivan*	*vendaivan*	*sentivan*

sursilvan

	1e	2e	3e	4e
jeu	*miravel*	*temevel*	*vendevel*	*sentevel*
ti	*miravas*	*temevas*	*vendevas*	*sentevas*
el	*mirava*	*temeva*	*vendeva*	*senteva*
nus	*miravan*	*temevan*	*vendevan*	*sentevan*
vus	*miravas*	*temevas*	*vendevas*	*sentevas*
els	*miravan*	*temevan*	*vendevan*	*sentevan*

En ladin ce sont les 3 premières conjugaisons qui sont identiques, en sursilvan ce sont les 3 dernières.

Le conditionnel présent (en romanche **il cundiziunal preschent**)

Il présente de grandes similitudes avec l'imparfait (3 types : *-ass, -ess, -iss*), avec le signe distinctif *-ss-*. On constate toutefois une absence de désinence aux 1ère et 3e personnes. L'accent tonique porte sur la syllabe précédent le groupe *-ss-*. On peut trouver les variantes *jau curriss/curress*. Formellement il correspond au subjonctif imparfait du français (que je chantasse, prisse, lusse).

	1e	2e	3e	4e
jau	*gidass*	*temess*	*vendess*	*partiss*
ti	*gidassas*	*temessas*	*vendessas*	*partissas*
el	*gidass*	*temess*	*vendess*	*partiss*
nus	*gidassan*	*temessan*	*vendessan*	*partissan*
vus	*gidassas*	*temessas*	*vendessas*	*partissas*
els	*gidassan*	*temessan*	*vendessan*	*partissan*

---

ladin (conditionnel présent et imparfait du subjonctif)

	1e	2e	3e	4e
eu	*salüdess*	*tmess*	*vendess*	*sentiss*
tü	*salüdessast*	*tmessast*	*vendessast*	*sentissast*
el	*salüdess*	*tmess*	*vendess*	*sentiss*
no	*salüdessan*	*tmessan*	*vendessan*	*sentissan*
vo	*salüdessat*	*tmessat*	*vendessat*	*sentissat*
els	*salüdessan*	*tmessan*	*vendessan*	*sentissan*

sursilvan (conditionnel direct)

	1e	2e	3e	4e
jeu	*mirass(el)*	*temess(el)*	*vendess(el)*	*sentess(el)*
ti	*mirasses*	*temesses*	*vendesses*	*sentesses*
el	*mirass*	*temess*	*vendess*	*sentess*
nus	*mirassen*	*temessen*	*vendessen*	*sentessen*
vus	*mirasses*	*temesses*	*vendesses*	*sentesses*
els	*mirassen*	*temessen*	*vendessen*	*sentessen*

Le sursilvan connaît un autre conditionnel, dit *indirect*, dont les formes sont *mirassi, mirassies, mirassi, mirassien, mirassies, mirassien*, etc.

Les temps non retenus en *romanche-grison*

Certains idiomes possèdent des temps inconnus du RG et disparus dans d'autres idiomes. Il peut cependant être intéressant d'en présenter quelques formes. Il existe également les temps composés correspondants, qu'il ne sera pas utile d'expliciter.

---

ladin

futur "synthétique" (le futur RG est expliqué plus loin)

	1e	2e	3e	4e
eu	*salüdarà*	*tmarà*	*vendarà*	*sentirà*
tü	*salüdarast*	*tmarast*	*vendarast*	*sentirast*
el	*salüdarà*	*tmarà*	*vendarà*	*sentirà*
no	*salüdaran*	*tmaran*	*vendaran*	*sentiran*
vo	*salüdarat*	*tmarat*	*vendarat*	*sentirat*
els	*salüdaran*	*tmaran*	*vendaran*	*sentiran*

passé simple (temps d'usage essentiellement littéraire, noter les pronoms sujets *nus, vus*, de niveau de langue relevé)

eu	*salüdet*	*tmet*	*vendet*	*sentit*
tü	*salüdettast*	*tmettast*	*vendettast*	*sentittast*
el	*salüdet*	*tmet*	*vendet*	*sentit*
nus	*salüdettan*	*tmettan*	*vendettan*	*sentittan*
vus	*salüdettat*	*tmettat*	*vendettat*	*sentittat*
els	*salüdettan*	*tmettan*	*vendettan*	*sentittan*

sursilvan

subjonctif imparfait (différent du conditionnel)

	1e	2e	3e	4e
jeu	*miravi*	*temevi*	*vendevi*	*sentevi*
ti	*miravies*	*temevies*	*vendevies*	*sentevies*
el	*miravi*	*temevi*	*vendevi*	*sentevi*
nus	*miravien*	*temevien*	*vendevien*	*sentevien*
vus	*miravies*	*temevies*	*vendevies*	*sentevies*
els	*miravien*	*temevien*	*vendevien*	*sentevien*

participe présent (différent du gérondif) :

miront	*tement*	*vendent*	*sentent*

Le gérondif (en romanche **il gerundi**)
Cette forme, utilisée surtout dans des expressions figées, correspond au gérondif français "en chantant". La désinence est *-nd* (sans préposition devant), avec un cas particulier pour la 1e conjugaison :

1e	2e	3e	4e
gidond	*temend*	*vendend*	*partind*

Le participe passé (en romanche **il particip perfect**)
Le participe passé régulier ne connaît que deux types, celui de la 1e conjugaison en *-à/-ada*, les trois autres étant en *-ì/-ida*. Commes les adjectifs, ces formes connaissent le féminin et le pluriel. Le radical est celui de l'infinitif et on ne trouve pas de forme inchoative. L'accent est noté au masculin et reste sur la même syllabe au féminin.

	1e	2e	3e	4e
singul.	*gidà, -ada*	*temì, -ida*	*vendì, -ida*	*partì, -ida*
pluriel	*gidads, -adas*	*temids, -idas*	*vendids, -idas*	*partids, -idas*

---

ladin
gérondif

1e	2e	3e	4e
salüdond	*tmond*	*vendond*	*sentind*
salüdand	*tmand*	*vendand*	

(ces trois dernières formes en *-and* relèvent surtout de la langue écrite)
participe passé

sg.	*salüdà, -ada*	*tmü, -üda*	*vendü, -üda*	*senti, -ida*
pl.	*salüdats, -adas*	*tmüts, -üdas*	*vendüts, -üdas*	*sentits, -idas*

sursilvan
gérondif

1e	2e	3e	4e
mirond	*temend*	*vendend*	*sentend*

participe passé

sg.	*mirau(s), -ada*	*temiu(s), -ida*	*vendiu(s), -ida*	*sentiu(s), -ida*
pl.	*mirai, -adas*	*temi, -idas*	*vendi, -idas*	*senti, -idas*

En sursilvan, la forme en *-s* du masculin singulier, correspondant au nominatif latin en -US, est utilisée dans la conjugaison avec *être* et au passif.

Il existe également des participes passés irréguliers, et en fonction des idiomes une variation régulier/irrégulier pour de nombreux verbes :

agiuns̲cher	adjoindre	*agiunt*
arder	brûler	*ars*
avrir	ouvrir	*avert*
coier	cuire	*cotg*
cumprender	contenir	*cumprais/cumprendì*
cuvrir	couvrir	*cuvert/cuvrì*
decider	décider	*decis/decidì*
defender	défendre	*defais/defendì*
(dis)poner	(dis)poser	*(dis)post/-ponì* (et composés)
entschaiver	commencer	*entschet(ta)/entschavì*
exaurir	épuiser	*exaust*
excluder	exclure	*exclus, -a*
extender	étirer	*extais/extendì*
metter	mettre	*mess* (et composés)
moler	moudre	*mieut*
morder	mordre	*mors*

---

ladin	sursilvan
agiundscher, agiunt	*as̲chuns̲cher, as̲chuns̲chi*
arder, ars	*arder, ars*
dirvir/divrir/drivir, dirvi, etc	*arver, aviert*
cous̲cher, cot(ta)	*cuer, cotg*
cumprender, cumprais	*cumprender, cumpriu*
cuvrir, cuvert	*cuvierer, cuvretg*
decider, decis	*decider, decidiu*
defender, defais	*defender, defendiu*
oppuoner, opponü/oppost	*opponer, opponiu*
-	*entscheiver, entschiet*
exaurir, exaust	*exaust* (pas d'infinitif)
excluder, exclus	*excluder, exclus*
extender, extais	*extender, extendiu*
metter, miss	*metter, mess*
moller, mieut	*moler, miult*
morder, mors	*morder, miers/murdiu*

offrir	offrir	*offert/offrì*
perder	perdre	*pers*
persvader	persuader	*persvas/persvadì*
proveder	pourvoir	*provis/provedì*
retschaiver	recevoir	*retschet(ta)/retschavì*
reveder	réviser	*revis,-a/revedì*
rumper	rompre	*rut(ta)* (et composés)
sclauder	exclure	*sclaus*
scriver	écrire	*scrit(ta)*
stizzar	éteindre, arrêter	*stiz(za), stizzà*
storscher	tordre	*stort/sturschì*
succeder	se passer	*success/succedì*
suffrir	souffrir	*suffert/suffrì*
suspender	différer	*suspais/supendì*
volver	retourner	*vieut/vulvì*

---

ladin	sursilvan
offrir, offert	*offerir, offeriu*
perder, pers	*perder, pers*
persvader, persvas	*perschuader, perchuadiu*
proveder, provist	*proveder, provediu*
retschaiver, retschevü	*retscheiver, retschiert*
reveder, revis	*reveder, revediu*
rumper, ruot(ta)	*rumper, rut(ta)*
excluder, exclus	*sclauder, sclaus(sa)*
scriver, scrit(ta)	*scriver, scret(ta)*
stüder, stüz(za)	*stizzar, stez(za)/stizzau*
stordscher, stort/stuërt	*storscher, sturschiu*
succeder, success	*succeder, succediu*
sofrir, soffert	*suffierer, suffretg/suffiert*
suspender, suspais/suspendü	*suspender, suspendiu*
volver, vout	*volver, viult/vulviu*

Mais on peut constater, en **sursilvan** en particulier, quelques "doublets" qui ne servent qu'en tant que noms ou adjectifs :
sursilvan : ***aschunta*** "adjonction", ***oppost*** "opposé, contraire", ***offerta*** "offre, proposition", ***il fegl perdiu*** "le fils perdu" (= l'enfant prodigue), ***retschevida*** "reçu, récépissé", ***stiert*** "courbe, tordu, gauchi".

Les temps composés (en romanche **las furmas cumponidas**)

Comme en français, on trouve en romanche des temps composés, avec trois auxiliaires : *esser* "être", *avair* "avoir" et *vegnir* "venir, devenir". La conjugaison de ces trois verbes est donnée plus loin.
Avec le participe passé précédé des auxiliaires *avair* ou *esser*, on forme les temps suivants :

– **le passé composé** (en romanche **il perfect**) :
jau hai gidà "j'ai aidé"
el è partì/ella è partida "il est parti/elle est partie"
– **le plus-que-parfait** (en romanche **il plusquamperfect**) :
jau aveva gidà "j'avais aidé"
el era partì/ella era partida "il était parti/elle était partie"
– **le subjonctif passé** (en romanche **il conjunctiv perfect**) :
che jau haja gidà "que j'aie aidé"
ch'el saja partì/ch'ella saja partida "qu'il/elle soit parti(e)"
– **le conditionnel passé** (en romanche **il cundiziunal perfect**) :
jau avess gidà "j'aurais aidé"
el fiss partì/ella fiss partida "il serait parti/elle serait partie"

On peut également former le passé dit "surcomposé" (en romanche **il perfect II**), du type *j'ai eu aidé* comme équivalent de *j'eus aidé*, mais surtout pour les verbes conjugués avec *avair*.

---

ladin	sursilvan
passé composé :	
el ha salüdà	*el ha mirau*
el es restà, ell'es restada	*el ei staus, ella ei stada*
plus-que-parfait :	
el vaiva salüdà	*el (ha)veva mirau*
el(la) d'eira restà, -ada	*el(la) era/fuva staus, stada*
subjonctif passé :	
ch'el haja salüdà	*ch'el hagi mirau*
ch'el(la) saja restà, -ada	*ch'el(la) seigi staus, stada*
conditionnel passé :	
el vess saludà	*el (ha)vess mirau*
el(la) füss restà, -ada	*el(la) fuss staus, stada*

Le choix de l'auxiliaire se rapproche de celui du français, mais quelques verbes, contrairement au français, se conjugent avec *esser* en romanche : *currer* "courir", *fugir* "fuir", *crescher* "croître", *esser* "être", ainsi que *star* "être, se tenir" (qui n'existe pas en français).
Lorsque le verbe est conjugué avec *esser*, le participe passé doit s'accorder en genre et en nombre avec le sujet.
Lorsque le verbe est conjugué avec *avair*, il peut s'accorder en genre et en nombre avec le complément d'objet direct s'il précède, mais en romanche cette règle est facultative.

Selon les idiomes, les **verbes pronominaux** (en romanche **ils verbs reflexivs**) se conjuguent avec *esser* ou avec *avair*. En RG, on préconise plutôt l'usage d'*avair*. Voici le passé composé :

jau hai ma lavà/-ada "je me suis lavé/-ée"
ti has ta lavà/-ada
el/ella ha sa lavà/-ada
nus avain ans lavads/-adas
vus avais as lavads/-adas
els/ellas han sa lavads/-adas

L'accord avec le sujet est facultatif, mais cependant recommandé. En revanche, s'il y a un objet direct complémentaire, comme en français l'accord ne se fait pas : *nus avain ans lavà ils mauns* "nous nous sommes lavé les mains".
Le pronom réfléchi peut se placer avant l'auxiliaire, qui peut également être le verbe *esser*, selon l'usage de certains idiomes :

jau m'hai lavà/-ada
jau sun ma lavà/-ada

---

ladin	sursilvan (le pronom réfléchi est toujours soudé au verbe)
eu m'ha müdà, -ada	*jeu hai selavau*
tü t'hast müdà, -ada	*ti has selavau*
el s'ha müdà	*el ha selavau*
ella s'ha müdada	*ella ha selavau*
no'ns vain müdats, -adas	*nus (ha)vein selavau*
vo's vaivat müdats, -adas	*vus (ha)veis selavau*
els s'han müdats	*els han selavau*
ellas s'han müdadas	*ellas han selavau*

L'auxiliaire **vegnir** ("venir, devenir") a plusieurs usages.
Avec *vegnir* et le participe passé, on forme le **passif.**
L'accord avec le sujet se fait en genre et en nombre avec le sujet.

jau vegn clamà/-ada "je suis appelé/-ée"
jau sun vegnì/-ida clamà/-ada "j'ai été appelé/-ée"

Les différents **futurs** se forment avec le *vegnir* suivi de la préposition *a(d)* et l'infinitif du verbe.
Il faut noter que l'indication du futur est fréquemment rendue par le temps présent, l'usage du temps futur est plus souvent réservé à l'expression d'une supposition.

L'indicatif futur

jau vegn a gidar	"j'aiderai"
ti vegns a gidar	
el vegn a gidar	
nus vegnin a gidar	
vus vegnis a gidar	
els vegnan a gidar	

---

ladin	sursilvan
passif :	
eu vegn clamà, -ada	*jeu vegn clamaus, -ada*
eu sun gnü clamà	*jeu sun vegnius clamaus*
futur :	
	jeu vegn(el) a mirar
	ti vegn(a)s a mirar
	el vegn a mirar
	nus vegnin a mirar
	vus vegnis a mirar
	els vegnan a mirar

Le ladin, comme nous l'avons vu plus haut, utilise le futur synthétique *eu güdarà*. La forme *eu vegn a güdar* existe, mais elle signifie "je viens (pour) aider" et n'a donc aucune signification temporelle.

Le subjonctif futur

che jau vegnia a gidar "que j'aide" (à l'avenir ou en supposant)

Le conditionnel futur

jau vegniss a gidar "j'aiderais" (à l'avenir ou en supposant)

On peut même former des temps surcomposés (le *futur antérieur*, en romanche **il futur II**) mais qui sont moins utilisés.

futur antérieur de l'indicatif :
jau vegn ad avair gidà "j'aurai aidé"
futur antérieur du subjonctif :
che jau vegnia ad avair gidà "que j'aie aidé" (au futur)
futur antérieur du conditionnel :
jau vegniss ad avair gidà "j'aurais aidé" (au futur)

Il peut être intéressant de faire la comparaison avec l'allemand, qui utilise le verbe *werden* "devenir" (sens que possède aussi le verbe romanche *vegnir*), lequel avec le participe passé forme le passif (*ich werde gerufen*) et avec l'infinitif (sans préposition) le futur (*ich werde rufen*).

---

ladin :
futur antérieur de l'indicatif :
eu varà salüdà
Bien entendu cet idiome n'a pas de futur dans les autres modes.

sursilvan
(futur antérieur, en sursilvan **il futur exact**)

futur antérieur de l'indicatif :
jeu vegn(el) ad haver mirau
futur antérieur du subjonctif :
jeu vegni ad haver mirau
futur antérieur du conditionnel :
jeu vegness(i) ad haver mirau

LES TROIS AUXILAIRES : avair, esser, vegnir
D'un grand usage, ces verbes sont très irréguliers comme dans de nombreuses langues.

avair "avoir" (se conjugue avec lui-même)
indic. présent : ***hai**, has, ha, **avain**, **avais**, han*
subj. présent : ***haja**, **hajas**, **haja**, **hajan**, **hajas**, **hajan***
imparfait : *aveva, avevas, aveva, avevan, avevas, avevan*
conditionnel : *avess, avessas, avess, avessan, -ssas, -ssan*
futur : *vegn ad avair*, etc.
impératif : on utilise les formes du subjonctif
gérondif : *avend*
participe passé : *gì, gida*

---

ladin :

avair
indic. présent : *n'ha, hast, ha, vain, **vaivat**, han*
subj. présent : *n'**haja**, **hajast**, **haja**, **hajan**, **hajat**, **hajan***
imparfait : ***vaiva**, **vaivast**, **vaiva**, **vaivan**, **vaivat**, **vaivan***
passé simple : *avet, avettast, avet, avettan, avettat, avettan*
conditionnel : *vess, vessast, vess, vessan, vessat, vessan*
futur : ***varà**, **varast**, **varà**, **varan**, **varat**, **varan***
impératif : ***haja** ! **hajat** !*
gérondif : *aviond (aviand)*
participe passé : *gnü, gnüda* (identique à celui du verbe "venir")

sursilvan :

haver, ver
indic. présent : ***hai/vai**, has, ha, (ha)vein, (ha)veis, han*
subj. présent : ***hagi**, **hagies**, **hagi**, (ha)veien, (ha)veies, **hagien***
imparfait : *(ha)vevel, (ha)vevas, (ha)veva, (ha)vevan, (ha)vevas, (ha)vevan*
subj. imp.: *(ha)vevi, (ha)vevies, (ha)vevi, (ha)vevien, (ha)vevies, (ha)vevien*
conditionnel : *(ha)vess, (ha)vesses, (ha)vess, (ha)vessen, -esses, -essen*
futur : *vegn(el) ad haver*, etc.
impératif : ***hagies** ! (ha)veies !*
gérondif : *avend*
participe passé : *giu*

esser "être" (se conjugue avec lui-même)
indic. présent : ***sun, es, è, essan, essas, èn*** ; ***èsi*** ['ɛsi] "est-ce, est-il"
subj. présent : ***saja, sajas, saja, sajan, sajas, sajan***
imparfait : ***era, eras, era, eran, eras, eran***
conditionnel : ***fiss, fissas, fiss, fissan, fissas, fissan***
futur : ***vegn ad esser***, etc.
impératif : on utilise les formes du subjonctif
gérondif : ***essend/siond***
participe passé : ***stà, stada***

---

ladin

esser
indic. présent : ***sun, est, es/ais, eschan, eschat, sun***
subj. présent : ***saja, sajast, saja, sajan, sajat, sajan***
imparfait : ***(d')eira,)eirast,)eira,)eiran,)eirat,)eiran***
passé simple : ***füt, füttast, füt, füttan, füttat, füttan***
conditionnel : ***füss, füssast, füss, füssan, füssat, füssan***
futur : ***sarà, sarast, sarà, saran, sarat, saran***
impératif : ***sajast ! sajat !***
gérondif : ***siond (siand)***
participe passé : ***stat, statta***

sursilvan :

esser
indic. présent : ***sun(del), eis, ei, essan, essas, ein***
subj. présent : ***seigi, seigies, seigi, seigien, seigies, seigien***
imparfait : ***erel, eras, era, eran, eras, eran***
ou ***fuvel, fuvas, fuva, fuvan, fuvas, fuvan***
subj. imparfait : ***eri, eries, eri, erien, eries, erien***
ou ***fuvi, fuvies, fuvi, fuvien, fuvies, fuvien***
conditionnel : ***fuss, fusses, fuss, fussen, fusses, fussen***
futur : ***vegn(el) ad esser***, etc.
impératif : ***seigies ! seigies !***
gérondif : ***essend***
participe passé : ***stau(s), stada***

Noter en sursilvan les 2 formes de l'imparfait, la 2e forme se rapprochant beaucoup du passé simple en ladin.

vegnir "venir, devenir" (se conjugue avec "être")
Ce verbe sert aussi au passif et au futur (voir plus haut)
indic. présent : *vegn, vegns, vegn, vegnin, vegnis, vegnan*
subj. présent : *vegnia, vegnias, vegnia, vegnian, -ias, -ian*
imparfait : *vegniva, -as, -a, -an, -as, -an*
conditionnel : *vegniss, -issas, -iss, -issan, -issas, -issan*
futur : *jau vegn a vegnir*, etc.
impératif : *ve ! vegni !*
gérondif : *vegnind*
participe passé : *vegnì, vegnida*

---

ladin

gnir
indic. présent : *vegn, vainst, vain, gnin, gnivat, vegnan*
subj. présent : *vegna, vegnast, vegna, vegnan, vegnat, vegnan*
ou *gnia, gniast, gnia, gnian, gniat, gnian*
imparfait : *gniva, gnivast, gniva, gnivan, gnivat, gnivan*
passé simple : *gnit, gnittast, gnit, gnittan, gnittat, gnittan*
conditionnel : *gniss, gnissast, gniss, gnissan, gnissat, gnissan*
futur : *gnarà, gnarast, gnarà, gnaran, gnarat, gnaran*
impératif : *vè ! gnit !*
gérondif : *gnind*
participe passé : *gnü, gnüda*

sursilvan :

vegnir, gnir
indic. présent : *vegn(el), vegn(a)s, vegn, (ve)gnin, vegnis, vegnan*
subj. présent : *vegni, vegnies, vegni, vegnîen, vegnîes, vegnien*
imparfait : *vegnevel, vegnevas, vegneva, vegnevan, vegnevas, vegnevan*
subj. imparfait : *vegnevi, vegnevies, vegnevi, vegnevien, -ies, -ien*
conditionnel : *vegness(el), vegnesses, vegness, vegnessen, -es, -en*
futur : *jeu vegn(el) a vegnir*, etc.
impératif : *neu ! vegni !*
gérondif : *vegnend*
participe passé : *vegniu(s), vegnida*

En sursilvan les formes abrégées *gnir, gnin*, etc. sont relativement rares et littéraires. Les verbes dérivés (*revegnir*, etc.) sont réguliers.

LES VERBES IRRÉGULIERS

Ne sont donnés que les principaux verbes irréguliers et les formes majoritaires.

crair "croire"
indic. présent : *crai, crais, crai, cartain/crajain, cartais/crajais, crain*
subj. présent : *craja, crajas, craja, crajan, crajas, crajan*
imparfait : *carteva/crajeva*, etc.
conditionnel : *cartess/crajess*, etc.
futur : *vegn a crair*, etc.
impératif : *crai ! cartai/crajai !*
gérondif : *cartend/crajend*
participe passé : *cartì/cret*

---

ladin

crajer
indic. présent : *craj, crajast, craja, crajain, crajaivat, crajan*
subj. présent : *craja, crajast, craja, crajan, crajat, crajan*
imparfait : *crajeva,* etc.
passé simple : *crajet, crajettast, crajet, crajettan, crajettat, crajettan*
conditionnel : *crajess,* etc.
futur : *crajarà*, etc.
impératif : *craja ! crajai !*
gérondif : *crajend*
participe passé : *cret, cretta*

sursilvan :

crer
indic. présent : *crei(g)el, crei(a)s, crei, cartein, carteis, crei(a)n*
subj. présent : *creigi, creigies, creigi, carteien, carteies, creigien*
imparfait : *cartevel,* etc.
subj. imparfait : *cartevi,* etc.
conditionnel : *cartess*, etc.
futur : *jeu vegn(el) a crer*, etc.
impératif : *crei ! cartei !*
gérondif : *cartend*
participe passé : *cartiu(s), cartida*

dar "donner"
indic. présent : *dun, das, dat, dain, dais, dattan*
subj. présent : *dettia, dettias, dettia, dettian, -as, -an*
imparfait : *deva,* etc.
conditionnel : *dess,* etc.
futur : *vegn a dar,* etc.
impératif : *dà ! dai !*
gérondif : *dond*
participe passé : *dà, dada*

---

ladin

dar
indic. présent : *dun, dast, dà, dain, daivat, dan*
subj. présent : *detta, dettast, detta, dettan, dettat, dettan*
imparfait : *daiva,* etc.
passé simple : *det, dettast, det, dettan, dettat, dettan*
conditionnel : *dess,* etc.
futur : *darà,* etc.
impératif : *dà ! dat !*
gérondif : *dond (dand)*
participe passé : *dat, datta*

Noter que plusieurs formes sont communes au subjonctif présent et au passé simple.

sursilvan :

dar
indic. présent : *dun(del), das/dattas, dat, dein, deis, dattan*
subj. présent : *detti, detties, detti, deien, deies, dettien*
imparfait : *devel/davel,* etc.
subj. imparfait : *devi/davi,* etc.
conditionnel : *dess/dass*
futur : *vegn(el) a dar,* etc.
impératif : *dai ! dei !*
gérondif : *dend/dond*
participe passé : *dau(s), dada*

dir "dire"
indic. présent : *di, dis, di, s̲chain, s̲chais, din*
subj. présent : *dia, dias, dia, dian, dias, dian*
imparfait : *s̲cheva,* etc.
conditionnel : *s̲chess,* etc.
futur : *vegn a dir*, etc.
impératif : *di ! s̲chai !*
gérondif : *s̲chend*
participe passé : *ditg*

---

ladin

dir
indic. présent : *di, dist, disch, dschain, dschaivat, dis̲chan*
subj. présent : *dia, diast, dia, dian, diat, dian*
imparfait : *dschaiva*, etc.
passé simple : *dschet*, etc.
conditionnel : *dschess*, etc.
futur : *dscharà*, etc.
impératif : *di ! dit !*
gérondif : *dschond (dschand)*
participe passé : *dit, ditta*

sursilvan :

dir, gir
indic. présent : *ditgel, di(a)s, di, s̲chein, s̲cheis, di(a)n*
ou *gitgel, gis, gi, s̲chein, s̲cheis, gin*
subj. présent : *ditgi, ditgies, ditgi, s̲chein, s̲cheis, ditgien*
ou *gitgi, gitgies, gitgi, s̲chein, s̲cheis, gitgien*
imparfait : *s̲chevel*, etc.
subj. imparfait : *s̲chevi*, etc.
conditionnel : *s̲chess*, etc.
futur : *vegn(el) a dir*, etc.
impératif : *di/gi ! s̲chei !*
gérondif : *s̲chend*
participe passé : *detg(s)/getg(s), detga/getga*

duair "devoir" (moralement)
indic. présent : *duai, duais, duai, duain, duais, duain*
subj. présent : *duaja, -as, -a, -an, -as, -an*
imparfait : *dueva,* etc.
conditionnel : *duess*, etc.
futur : –
impératif : –
gérondif : *duend*
participe passé : *duì*

Comme en allemand, le romanche a deux verbes pour "devoir", **duair** pour "être tenu moralement de" (allemand *sollen*), et **stuair** (voir plus loin) pour "être obligé, forcé de" (allemand *müssen*).

---

ladin

dovair (verbe défectif en ladin)
indic. présent : *dess, dessast, dessa, dessan, dessat, dessan*
subj. présent : *dessa*, etc.
imparfait : –
passé simple : –
conditionnel : –
futur : –
impératif : –
participe passé : –

sursilvan :

duer
indic. présent : *d(u)ei, d(u)eis, d(u)ei, d(u)ein, d(u)eis, d(u)ein*
subj. présent : *dueigi, dueigies, dueigi, dueigien, dueigies, dueigien*
ou *deigi, dei(gi)es, dei(gi), dei(gi)en, dei(gi)es, dei(gi)en*
imparfait : *d(u)evel*, etc.
subj. imparfait : *d(u)evi*, etc.
conditionnel : *duess*, etc.
futur : *vegn(el) a duer,* etc.
impératif : -
gérondif : *duend*
participe passé : *duiu(s), duida*

far "faire"
indic. présent : *fatsch, fas, fa, fas̲chain, fas̲chais, fan*
subj. présent : *fetschia, -ias, -ia, -ian, -ias, -ian*
imparfait : *fas̲cheva*, etc.
conditionnel : *fas̲chess*, etc.
futur : *vegn a far*, etc.
impératif : *fa ! fas̲chai !*
gérondif : *fas̲chond*
participe passé : *fatg*

---

ladin

far
indic. présent : *fetsch, fast, fa, fain, faivat, fan*
subj. présent : *fetscha,* etc
imparfait : *faiva,* etc
passé simple : *fet,* etc.
conditionnel : *fess,* etc
futur : *farà,* etc.
impératif : *fa ! fat !*
gérondif : *fond (fand)*
participe passé : *fat, fatta*

Dans les composés, la forme *fa* (3e indicatif présent et 2e impératif) prennent un accent sur le *a* : *el s'affà* "il convient".

sursilvan :

far
indic. présent : *fetsch(el), fas, fa, fagein, fageis, fan*
subj. présent : *fetschi, fetschies, fetschi, fageien, fageies, fetschien*
imparfait : *fagevel,* etc.
subj. imparfait : *fagevi,* etc.
conditionnel : *fagess,* etc.
futur : *vegn(el) a far,* etc.
impératif : *fai ! fagei !*
gérondif : *fagend*
participe passé : *fatg(s), fatga*

ir "aller"
indic. présent : *vom, vas, va, giain, giais, van*
subj. présent : *giaja, -as, -a, -an, -as, -an*
imparfait : *gieva*, etc.
conditionnel : *giess*, etc.
futur : *vegn ad ir*, etc.
impératif : *va ! giai !*
gérondif : *giond*
participe passé : *ì, ida*

---

ladin

ir
indic. présent : *vegn, vast, va, giain, giaivat, van*
subj. présent : *giaja*, etc.
imparfait : *giaiva*, etc.
passé simple : *get*, etc.
conditionnel : *gess*, etc.
futur : *giarà*, etc.
impératif : *va ! it !*
gérondif : *giond (giand)*
participe passé : *i, ida*

A la 1ère personne du présent, la forme est identique à celle du verbe *vegnir*.

sursilvan :

ir
indic. présent : *mon(del)/vom(el), vas, va, mein, meis, van*
subj. présent : *mondi, mondies, mondi, meien, meies, mondien*
ou *vomi, vomies, vomi, meien, meies, vomien*
imparfait : *mavel*, etc.
subj. imparfait : *mavi*, etc.
conditionnel : *mass*, etc.
futur : *vegn(el) ad ir*, etc.
impératif : *va ! mei !*
gérondif : *mond*
participe passé : *iu(s), ida*

Les formes en *mon-* sont aujourd'hui recommandées à l'écrit.

plaschair "plaire"
indic. présent : *plaschel, plais, plai, plaschain, plaschais, plain*
ou régulier *plaschel, plaschas*, etc.
subj. présent : *plaschia*, etc.
imparfait : *plascheva*, etc.
conditionnel : *plaschess*, etc.
futur : *vegn a plaschair*, etc.
impératif : *plai ! plaschai !*
gérondif : *plaschend*
participe passé : *plaschì*

---

ladin

plaschair
indic. présent : *plasch, plaschast, plascha, plaschain, plaschaivat, plaschan*
subj. présent : *plascha, plaschast, plascha, plaschan, plaschat, plaschan*
imparfait : *plaschaiva*, etc.
passé simple : *plaschet*, etc.
conditionnel : *plaschess*, etc.
futur : *plascharà*, etc.
impératif : *plascha ! plaschai*
gérondif : *plaschond (plaschand)*
participe passé : *plaschü*

sursilvan :

plascher
indic. présent : *plaiel, plai(a)s, plai, plaschein, plascheis, plai(a)n*
subj. présent : *plaigi, plaigies, plaigi, plascheien, plascheies, plaigien*
imparfait : *plaschevel*, etc.
subj. imparfait : *plaschevi*, etc.
conditionnel : *plaschess*, etc.
futur : *vegn(el) a plascher*, etc.
impératif : *plai ! plaschei !*
gérondif : *plaschend*
participe passé : *plaschiu*

pudair "pouvoir, avoir la possibilité"
indic. présent : *poss, pos, po, pudain, pudais, pon*
subj. présent : *possia,* etc.
imparfait : *pudeva*, etc.
conditionnel : *pudess*, etc.
futur : *vegn a pudair,* etc
impératif : –
gérondif : *pudend*
participe passé : *pudì*

Comme en allemand, le romanche a deux verbes pour "pouvoir", **pudair** pour "avoir la possibilité " (allemand *können*), et **(d)astgar** (verbe régulier) pour "avoir la permission, oser" (allemand *dürfen*).

---

ladin

pudair
indic. présent : *poss, poust, po, pudain, pudaivat, pon*
subj. présent : *possa,* etc.
imparfait : *pudaiva,* etc.
passé simple : *pudet,* etc.
conditionnel : *pudess,* etc.
futur : *pudarà,* etc.
impératif : *possast ! possat !* (s'expliquent par le subjonctif)
gérondif : *pudiond (pudiand)*
participe passé : *pudü*

sursilvan :

puder
indic. présent : *pos, pos, po, pudein, pudeis, pon*
subj. présent : *possi, possies, possi, pudeien, pudeies, possien*
imparfait : *pudevel,* etc.
subj. imparfait : *pudevi,* etc.
conditionnel : *pudess,* etc.
futur : *vegn(el) a puder,* etc.
impératif : –
gérondif : *pudend*
participe passé : *pudiu*

rir "rire"
indic. présent : ***ri, ris, ri, riain, riais, rin***
subj. présent : ***ria,*** etc.
imparfait : ***rieva,*** etc.
conditionnel : ***riess,*** etc.
futur : ***vegn a rir,*** etc.
impératif : ***ri ! riai !***
gérondif : ***riend***
participe passé : ***ris***

---

ladin

rier
indic. présent : ***ri, riast, ria, riain, riaivat, rian***
subj. présent : ***ria,*** etc.
imparfait : ***riaiva,*** etc.
passé simple : ***riet,*** etc.
conditionnel : ***riess,*** etc.
futur : ***riarà,*** etc.
impératif : ***ria ! riai !***
gérondif : ***riond (riand)***
participe passé : ***ris***

sursilvan :

rir
indic. présent : ***riel, ri(a)s, ri, riein, rieis, ri(a)n***
subj. présent : ***rigi, rigies, rigi, rieien, rieies, rigien***
imparfait : ***rievel,*** etc.
subj. imparfait : ***rievi,*** etc.
conditionnel : ***riess,*** etc.
futur : ***vegn(el) a rir,*** etc.
impératif : ***ri ! riei !***
gérondif : ***riend***
participe passé : ***ris, risa*** (***rir ora*** "se moquer" est transitif)

savair "savoir"
indic. présent : *sai, sas, sa, savain, savais, san*
subj. présent : *sappia,* etc.
imparfait : *saveva,* etc.
conditionnel : *savess*, etc.
futur : *vegn a savair*, etc.
impératif : on utilise les formes du subjonctif
gérondif : *savend*
participe passé : *savì*

---

ladin

savair
indic. présent : *sa, sast, sa, savain, savaivat, san*
subj. présent : *sapcha,* etc.
imparfait : *savaiva,* etc.
passé simple : *savet,* etc.
conditionnel : *savess,* etc.
futur : *savarà,* etc.
impératif : *sapchast ! sapchat !* (s'expliquent par le subjonctif)
gérondif : *saviond (saviand)*
participe passé : *savü, -üda*

sursilvan :

saver
indic. présent : *sai, sas, sa, savein, saveis, san*
subj. présent : *sappi, sappies, sappi, saveien, saveies, sappien*
imparfait : *savevel,* etc.
subj. imparfait : *savevi,* etc.
conditionnel : *savess,* etc.
futur : *vegn(el) a saver,* etc.
impératif : *sappies ! saveies !* (s'expliquent par le subjonctif)
gérondif : *savend*
participe passé : *saviu*

star "être (debout), se tenir" (cf. français juridique *ester*)
indic. présent : *stun, stas, stat, stain, stais, stattan*
subj. présent : *stettia,* etc.
imparfait : *steva*, etc.
conditionnel : *stess*, etc.
futur : *vegn a star,* etc.
impératif : *sta ! stai !*
gérondif : *stond*
participe passé : *stà, stada*

Ce verbe a fourni au verbe **esser** son participe passé, comme en ladin et en sursilvan. En français nous avons, outre l'imparfait *j'étais*, le participe passé *été* de même origine, mais invariable car il est conjugué avec l'auxiliaire *avoir*.

---

ladin

star
indic. présent : *stun, stast, sta, stain, staivat, stan*
subj. présent : *stetta,* etc.
imparfait : *staiva,* etc.
passé simple : *stet,* etc.
conditionnel : *stess,* etc.
futur : *starà,* etc.
impératif : *sta ! stat !*
gérondif : *stond (stand)*
participe passé : *stat, statta*

sursilvan :

star
indic. présent : *stun(del), sta(tta)s, stat, stein, steis, stattan*
subj. présent : *stetti, stetties, stetti, steien, steies, stettien*
imparfait : *stevel/stavel,* etc.
subj. imparfait : *stevi/stavi,* etc.
conditionnel : *stess/stass,* etc.
futur : *vegn(el) a star,* etc.
impératif : *stai ! stei !*
gérondif : *stend/stond*
participe passé : *stau(s), stada*

stuair "devoir, être obligé"
indic. présent : *stoss, stos, sto, stuain, stuais, ston*
subj. présent : *stoppia,* etc.
imparfait : *stueva,* etc.
conditionnel : *stuess*, etc.
futur : *vegn a stuair*, etc.
impératif : –
gérondif : *stuend*
participe passé : *stuì*

Voir ci-dessus la note au verbe **duair**.

---

ladin

stu(v)air, stair
indic. présent : *stögl/sto, stoust, sto, st(uv)ain, st(uv)aivat, ston*
subj. présent : *stöglia/stopcha,* etc.
imparfait : *stuvaiva/staiva,* etc.
passé simple : *stuvet,* etc.
conditionnel : *stuvess/stess,* etc.
futur : *stuvarà,* etc.
impératif : –
gérondif : *stuviond (stuviand)*
participe passé : *stuvü/stü*

sursilvan :

stuer
indic. présent : *sto(i), stos, sto, stuein, stueis, ston*
subj. présent : *stoppi, stoppies, stoppi, stueien, stueies, stoppien*
imparfait : *stuevel,* etc.
subj. imparfait : *stuevi,* etc.
conditionnel : *stuess,* etc.
futur : *vegn(el) a stuer*, etc.
impératif : –
gérondif : *stuend*
participe passé : *stuiu*

trair "tirer"
indic. présent : ***tir, tiras, tira, tirain, tirais, tiran***
ou ***trai, trais, trai, train, trais, train***
subj. présent : ***tiria*** ou ***traja***, etc.
imparfait : ***tirava*** ou ***trajeva***, etc.
conditionnel : ***tirass*** ou ***trajess***, etc.
futur : ***vegn a trair***, etc.
impératif : ***tira ! tirai !*** ou ***trai ! trajai !***
gérondif : ***tirond*** ou ***trajend***
participe passé : ***tratg***

Ces doubles formes correspondraient en français aux verbes *traire* et *tirer*. Mais pour le sens de "traire", on dit ***mulscher***.

---

ladin

trar
indic. présent : ***tir, tirast, tira, train, traivat, tiran***
subj. présent : ***tira,*** etc.
imparfait : ***traiva,*** etc.
passé simple : ***tret,*** etc.
conditionnel : ***tress,*** etc.
futur : ***trarà,*** etc.
impératif : ***tira ! trai !***
gérondif : ***trond (trand)***
participe passé : ***trat, tratta***

sursilvan :

trer
indic. présent : ***trai(el), trais, trai, targein, targeis, train***
ou ***tilel, tilas, tila, targein, targeis, tilan***
subj. présent : ***traigi, traigies, traigi, targeien, targeies, traigien***
ou ***tili, tilies, tili, targeien, targeies, tilien***
imparfait : ***targevel,*** etc.
subj. imparfait : ***targevi,*** etc.
conditionnel : ***targess,*** etc.
futur : ***vegn(el) a trer***, etc.
impératif : ***trai/tila ! targei !***
gérondif : ***targend***
participe passé : ***tratg(s), tratga***

vesair "voir"
indic. présent : *ves, vesas, vesa, vesain, vesais, vesan*
subj. présent : *vesia,* etc.
imparfait : *veseva,* etc.
conditionnel : *vesess,* etc.
futur : *vegn a vesair*, etc.
impératif : –
gérondif : *vesend*
participe passé : *vis* ou *vesì*

---

ladin

verer
indic. présent : *vez, vezzast, vezza, vezzain, vezzaivat, vezzan*
subj. présent : *vezza,* etc.
imparfait : *vezzaiva,* etc.
passé simple : *vezzet,* etc.
conditionnel : *vezzess,* etc.
futur : *vezzarà,* etc.
impératif : –
gérondif : *vezz(i)ond (vezz(i)and)*
participe passé : *vis, vissa*

sursilvan :

veser
indic. présent : *vesel, vesas, vesa, vesein/vesin, veseis/vesis, vesan*
subj. présent : *vesi,* etc.
imparfait : *vesevel,* etc.
subj. imparfait : *vesevi,* etc.
conditionnel : *vesess(el)*
futur : *vegn(el) a veser*, etc.
impératif :
gérondif : *vesend*
participe passé : *viu/vesiu, vesida*

vulair "vouloir"
indic. présent : *vi, vuls, vul, (vu)lain, (vu)lais, vulan*
subj. présent : *veglia,* etc.
imparfait : *(vu)leva,* etc.
conditionnel : *(vu)less*, etc.
futur : *vegn a vulair*, etc.
impératif : on utilise les formes du subjonctif
gérondif : *vulend*
participe passé : *vulì*

---

ladin

(vu)lair
indic. présent : *vögl, voust, voul, (vu)lain, (vu)laivat, voulan/vöglian*
subj. présent : *vöglia,* etc.
imparfait : *(vu)laiva,* etc.
passé simple : *vulet,* etc.
conditionnel : *(vu)less,* etc.
futur : *(vu)larà,* etc.
impératif : *vögliast ! vögliat !* (s'expliquent par le subjonctif)
gérondif : *vuliond (vuliand)*
participe passé : *vuglü, -üda*

sursilvan :

vuler
indic. présent : *vi, vul(s), vul, (vu)lein, (vu)leis, vul(t)an*
subj. présent : *vegli, veglies, vegli, (vu)leien, (vu)leies, veglien*
imparfait : *(vu)level,* etc.
subj. imparfait : *(vu)levi,* etc.
conditionnel : *(vu)less,* etc.
futur : *vegn(el) a vuler,* etc.
impératif : *veglies ! vuleies !* (s'expliquent par le subjonctif)
gérondif : *vulend*
participe passé : *vuliu(s), vulida*

Rappel : la forme *lein* "voulons", suivie de l'infinitif, sert à la formation de la 1ère personne du pluriel de l'impératif en sursilvan.

Il existe quelques autres verbes irréguliers moins courants en RG, comme **cojer** "cuire", **fugir** "fuir", **pruir** "germer", **ruier** "ronger". D'autres verbes sont irréguliers dans certains idiomes, mais sont presque réguliers en RG, qui privilégie ce type de conjugaison. Ainsi **(gia)schair** "être couché, gésir" est régulier en RG et en ladin, mais en sursilvan, toute la conjugaison est fondée sur l'infinitif ***scher*** : *jeu schaiel, nus schischein,* pp. *schischiu(s)*, de même **laschar** "laisser", en sursilvan ***(la)schar***, qui fait *jeu lasch(el), ti lai(as), nus schein,* pp. *schau(s).*
Inversement, certains verbes ne sont très irréguliers à certains temps qu'en ladin, comme ***tour*** "prendre", qui fait *eu pigl, no pigliain,* pp. *tut, -tta*, tandis que le RG et le sursilvan ont l'infinitif **pigliar** avec sa conjugaison régulière (*el peglia* en sursilvan). Ou encore ***dirvir/drivir*** "ouvrir" (RG **avrir**, sursilvan ***arver***, dont les participes passés ont été donnés plus haut), qui en ladin, à côté de la conjugaison régulière fait aussi *eu derv, no dirvin.*
Enfin, certains verbes sont un peu irréguliers dans les idiomes, mais c'est finalement la conjugaison régulière qui a paru la meilleure forme de compromis pour le RG. C'est le cas du verbe "tenir" :

	RG	ladin	sursilvan
infinitif	**tegnair**	***tgnair/tegner***	***tener***
présent	jau tegn	*eu tegn*	*jeu tegn*
	nus tegnain	*no tgnain*	*nus tenin*

Rappelons cette particularité des verbes romanches, communes à toutes les variétés, c'est ce qu'on peut appeler les *verbes composés,* dont la construction est *verbe + adverbe.* Si l'on rencontre ce type de composition dans les autres langues romanes (français : *jeter bas,* italien *andare via*), il s'est extrêmement développé en romanche où l'influence de l'allemand a été importante. Une seconde liste :

metter davent	enlever, ôter, supprimer
metter enavos	remettre (à sa place)
metter giu	coucher, étendre
metter or(a)	mettre dehors, exposer
metter perina	réconcilier
metter tiers	ajouter
metter si	dresser, poser
metter vi	tuer, exécuter, pendre

Chapitre VII

LES TOPONYMES

Les noms de lieu sont toujours intéressants, voici donc une liste de quelques lieux du canton des Grisons, qui d'ailleurs ne sont plus tous romanchophones. C'est la forme romanche qu'il est conseillé d'utiliser en français, et non plus la forme allemande (ou quelquefois italienne) qui du reste n'a plus toujours d'usage officiel. A noter que la forme allemande a souvent un **-s** final, disparu dans les langues romanes.
A ces noms peuvent s'ajouter des localités suisses d'autres cantons : **Turitg** "Zürich", **Berna** "Berne", **Genevra** "Genève", **Losanna** "Lausanne", **Son Gagl** "Saint-Gall", **Glaruna** "Glaris", **Lucerna** "Lucerne", **Rodan** "Rhône", **Neuchâtel**, etc. ;
ainsi que des noms étrangers : **Frantscha** "France", **Germania** "Allemagne", **Italia** "Italie", **Austria** "Autriche", **Spagna** "Espagne", **Milaun** "Milan", **Baviera** "Bavière", **Burgogna** "Bourgogne", **Danubi** "Danube", etc.

Grischun *m.sg.* (fr. Grisons, all. Graubünden, ital. Grigioni), d'après la *Lia Grischa* "Ligue Grise" constituée en 1395 (voir page 13).
Cuira (allem. Chur, fr. Coire, ital. Coira), lat. CŪRIA R(H)AETŌRUM, "assemblée sénatoriale des Rhètes", mais cette étymologie pose des problèmes de phonétique et de datation ; on a proposé un celtique (attesté ailleurs) *cŭria* "tribu, siège de la tribu".
Arosa (all. Arosa [a'ro:ssa]), *Orossen* en 1383, pour lequel on propose un mot prélatin **rosa* "glacier", ou plutôt **orosa* "cours d'eau", d'une racine connue signifiant "couler" et qu'on retrouve ailleurs (Areuse, canton de Neuchâtel)
Bivio, du lat. BIVIUM "croisement à deux voies".
Casti (all. Casti-Wergenstein, autrefois Tiefencastel), du latin CASTELLUM "petit camp", qui a donné le fr. *château*.

Grischun : L Grischun, M Grischun, T Grischùn, S Grischun
Cuira : V Cuoira, P Coira, M Coira, T Cuira/Cuera, S Cuera
Arosa : V Arusa, M Arosa, T Arosa, S Arosa
Bivio : M Bieva, T Beiva, S Beiva
Casti-Wergenstein : M + T + S Casti(-Vargistagn)

Claustra (all. Klosters-Serneus), du lat. CLAUSTRUM "clôture" qui a donné le fr. *cloître* ; *Serneus* proviendrait peut-être du nom de la tribu SARUNETES (voir Zernez).
Domat (all. Ems), *in Amede* en 765, d'origine discutée.
En (all. Inn), rivière, en lat. AENUS/ENUS, d'origine prélatine.
Engiadina (fr. Engadine, all. Engadin), *vallis Eniatina* en 930, vallée de l'Inn ou de la tribu des ENIATES "les riverains de l'Inn".
Flem (all. Flims), l'étymologie latine FLŪMEN "cours d'eau" se heurte aux formes anciennes (Flemme, dès 765), on a donc envisagé un mot pré-latin mais de signification équivalente.
Glion (all. Ilanz), *Iliande* en 765, d'origine discutée.
La Punt, La Punt-Chamues-ch (all. Reichenau), du latin PONTEM "pont", sur le torrent *Chamuera* (du lat. CAMOC-EM "chamois, avec suffixe -ARIA pour le torrent, -ASCUS pour la commune).
Müstair, du lat. MONASTERIUM "lieu, communauté de moines".
Mustér (all. Disentis), du lat. MONASTERIUM DESERTINUM (c'est-à-dire "ermitage"), le premier mot a donné le nom romanche, le second le nom allemand.
Puntraschigna (italien et all. Pontresina), du lat. PONTEM "pont" et du nom de personne SARACENA.
Rain (fr. Rhin, all. Rhein), du lat. RHENUS (du celt. *Rēnos, d'une racine indo-européenne signifiant "couler").
Ruschein, *in Rucene* en 765, probablement du nom de personne *ROSIUS et le suffixe -ĒNUS.
San Murezzan (all. Sankt Moritz) du lat. SANCTUS MAURICIUS, un saint martyrisé dans le Valais au IIIe s. et très honoré en Suisse.

Claustra : M Clostra, T Clostra, S Claustra
Domat : M Domat, T Domat, S Domat
En : V En, P En S En
Engiadina : L Engiadina, M Nagiadegna, T Gidegna, S Engiadina
Flem : M Flem, T Flem, S Flem
Glion : M Glion, T Gliànt, S Glion
La Punt : M La Punt, T La Pùnt, S La Punt
Müstair : L Müstair, M Müstair, T Müstair, S Müstair
Mustér : M Mustér, T Mustér, S Mustér
Puntraschigna : Puntraschigna (partout)
Rain : V Rain, P Rain, M Ragn, T Ragn , S Rein
Ruschein : M Ruschein, T Ruschein, S Ruschein
San Murezzan : L + M San Murezzan,T San Murezi, S Sogn Murezi

Savognin (autrefois all. Schwaningen/Schweiningen), soit du nom de la tribu des SUANETES, soit du nom de personne *Isuanus* (du 9e siècle), avec le suffixe -INUM.
Schlarigna (italien et all. Celerina), du lat. CELLARIUM "cellier" et le suffixe collectif -ĪNA.
Schons (en all. Schams) regroupe onze communes du Rhin Postérieur.
Scuol (autrefois all. Schuls), du lat. SCOPULU "falaise, écueil".
Segl (all. Sils im Engadin), du celt. **siliu* "sillon".
Surselva (all. Oberland), des mots latins SUPER "au-dessus" et SILVA "forêt".
Tavau (all. Davos [ta'fa:s]), *Tavaus* en 1213, du lat. *TOVUM "ravin", soit par *TOVĀNES ("habitants des ravins") ou plutôt *TOVĀTOS, car on a en italien *Thavate/Tavate* en 1365. L'étymologie populaire rapprochant la forme allemande du mot romanche *davos* "derrière, dernier" n'est bien entendu pas soutenable.
Tumleastga (all. Domleschg), partie aval du Rhin postérieur, nom formé avec le suffixe -ASCA à partir du même étymon que sa localité
Tumegl (all. Tomils), laquelle ne peut phonétiquement dériver de TUMULUS, mais d'un type *TUMBICULU "petite tombe".
Tusaun (all. Thusis, it. Tosana), *Tosana* en 1156, d'origine inconnue.
Zernez, *de Ernece* en 1131, de *SARUNETIOS, du nom de la tribu des SARUNETES, qui figure sur l'inscription de La Turbie (Alpes-Maritimes).

Savognin : M Savognin, T Savognin, S Savognin
Schlarigna : M Schlarigna, T Schlarigna, S Schlarigna
Schons : M Schons, T Schons, S Schons
Scuol : L Scuol, M Scuol, T Scuol, S Scuol
Segl : L Segl, S Segl
Surselva : Surselva (partout)
Tavau : M Tavo, T Tavo, S Tavau
Tumleastga : T Tumleastga
Tusaun : M Tusang, T Tusàn, S Tusaun
Zernez : L Zernez, M Zernez, T Zernez, S Zernez

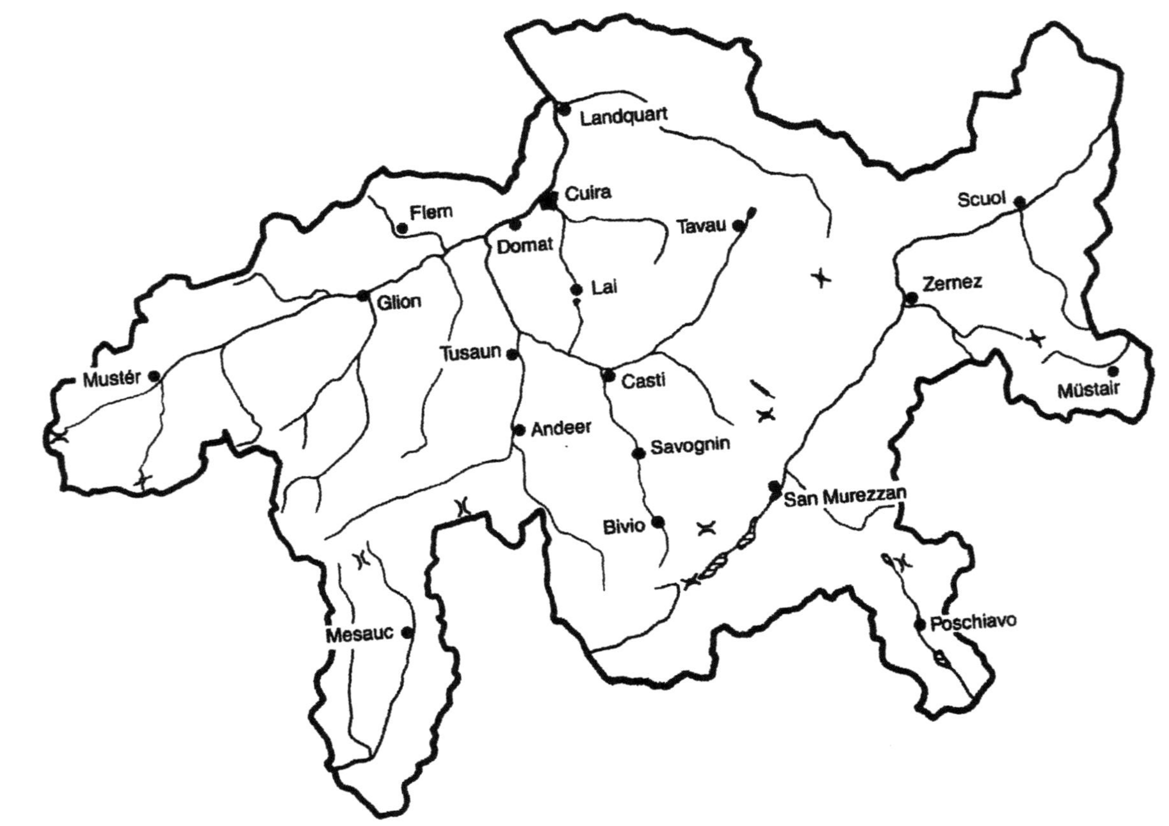
Landquart
Cuira
Flem
Tavau
Domat
Scuol
Glion
Lai
Zernez
Tusaun
Mustér
Casti
Müstair
Andeer
Savognin
San Murezzan
Bivio
Poschiavo
Mesauc

Chapitre VIII

RÉFLEXIONS SUR LE ROMANCHE-GRISON

Cette koinè, forme de compromis entre les idiomes traditionnels et légèrement simplifiée par rapport à eux, est destinée en principe à être utilisée uniquement *"là où une seule forme romanche est possible et où l'allemand domine dans la situation actuelle"* (préface aux Lignes directrices de 1982).
Beaucoup craignent cependant que dans l'esprit de ses promoteurs, le but ultime du RG ne soit en réalité d'unifier le romanche en éliminant les idiomes traditionnels (et maternels), du moins comme langues écrites et codifiées. C'est ce qu'on peut lire par exemple dans le *Vocabulari romontsch sursilvan–franzos* de J.J. Furer, paru quelque vingt ans après la naissance du RG.

L'intérêt indéniable du RG est d'abord qu'il a permis d'accéder au statut de 4e langue officielle au niveau fédéral, ce que l'émiettement et la lente diminution de l'usage de ses variétés empêchaient absolument. Ensuite il peut donner, l'avenir nous le dira, cette *identité romanche* forte qui fait si cruellement défaut à ses locuteurs.
A Coire, où la communauté romanche est d'origine disparate, l'enseignement bilingue n'a été possible que grâce au RG. Il faut savoir aussi que les cinq variétés elles-mêmes sont des formes de compromis : en puter (Haute-Engadine) on trouve la forme unifiée **eau** "je", alors qu'on prononce **äja, aja, eja,** et **jau** dans le Val Müstair.

Cette *koinè* n'est pas plus artificielle que la plupart des langues de culture du monde, et en tant que langue officielle on dispose désormais d'une version de la Constitution et d'un usage reconnu même dans les actes officiels qui jusqu'ici devaient être rédigés en allemand. D'autre part elle peut être introduite dans les écoles où les romanchophones sont minoritaires ou de différents dialectes ; pour les communes authentiquement romanches, son usage est discrétionnaire. Elle est destinée à élargir l'usage du romanche, y compris à la télévision, la Poste, les Chemins de Fer, et dans les livres, journaux, contrats, où jusqu'ici l'allemand prédominait. Elle est immédiatement compréhensible pour les trois quarts des locuteurs, même non préparés.

Enfin, cette forme suprarégionale permet aux non-romanchophones, dont vous-même probablement, lectrice et lecteur, d'aborder la langue dans sa globalité, et non plus dans cette diversité qui en faisait auparavant un objet d'études extrêmement complexe, voire décourageant. Sans compter qu'il est toujours plus stimulant d'apprendre une langue concernant soixante mille personnes que quinze ou vingt mille.

Alors pourquoi ne pas avoir fait une orthographe supra-dialectale plutôt qu'une koinè ? Cela aurait permis, comme ailleurs, de concilier l'unité de la langue avec la variation des idiomes.
En réalité une telle orthographe aurait posé plus de problèmes qu'elle n'en aurait résolus, car dans cette optique les parlers présentent des points difficilement conciliables. Pour cela il aurait fallu que certains parlers soient globalement "conservateurs" (du point de vue linguistique) et d'autres plus "évolués", sans qu'on ressente trop ces deux états, car une orthographe supra-dialectale privilégie les formes les plus conservatrices, ou relativement conservatrices, ce qui permet d'expliciter les formes évoluées. Ainsi en est-il par exemple de l'occitan ou du francoprovençal.
Or, pour schématiser, le ladin est conservateur pour certaines voyelles (*ü* et *ö*)[1] mais évolué pour certaines consonnes (*ch* et *g(i)*), tandis que la majorité des autres parlers, et surtout le sursilvan, sont évolués pour ces voyelles (devenues *i* et *e*), mais conservateurs pour ces consonnes (*c* et *g* non palatalisés). Et ne parlons pas des diphtongues et de l'affriquée *dsch* > *s̱ch*. Or la plupart des formes évoluées étant majoritaires dans les idiomes, ce sont elles qui ont été retenues pour la réalisation du RG. Ce qui signifie plus précisément : le RG est, d'un certain point de vue, *une forme plus évoluée que l'ensemble des variétés dont il est issu.* C'est probablement un cas unique.

De plus, on se heurte à une longue tradition très spécifique. Si l'on avait pu faire table rase des orthographes existantes –mais cette hypothèse n'est pas envisageable– on aurait pu remédier à certaines difficultés liées aux conventions orthographiques issues de l'allemand.

---

[1] Cette différence entre le système vocalique du ladin et celui des autres idiomes présenterait déjà certaines difficultés dans l'élaboration d'une orthographe supra-dialectale et son apprentissage.

Prenons le cas de "charger" et "décharger" :

vallader	sursilvan	RG
chargiar	*cargar*	***chargiar***
s-chargiar	*scargar*	***stgargiar***

Ainsi, soit on doit utiliser un trait d'union pour éviter l'ambiguïté avec le groupe *sch* (déjà lui-même ambigu), soit on est obligé d'utiliser un système tout à fait différent, à savoir *stg*, ce qui complique encore la lisibilité.
Seule une notation autre que *sch* pour les phonèmes /ʃ/ et /ʒ/ aurait pu permettre d'adopter une solution telle que celle de l'occitan qui voit cohabiter, sans nuire à l'intercompréhension, les formes suivantes :

occitan	nord-occitan	
cargar	*charjar*	"charger"
descargar	*descharjar*	"décharger"

C'est en partie cette orthographe de type germanique –et phonétique– adoptée au XVIe siècle et fidèlement conservée depuis, qui a aussi dû empêcher l'élaboration d'une orthographe supra-dialectale.

Rappelons en outre que certains parlers présentent une relative irrégularité interne (des idiomes ne palatalisent C latin devant A que pour certains mots et non d'autres), tandis que le RG régularise les évolutions, ce qui permet d'y voir plus clair dans le système. Avec le RG, la langue romanche a gagné en *cohérence*.

Par ailleurs une autre menace est en train de poindre : la disparition progressive et probablement inéluctable de certaines variétés. On ne pourra donc pas les sauver *toutes*. Or à vouloir en sauver le plus grand nombre possible, on pourrait bien en perdre une majorité d'entre elles, un peu comme celui qui traverse un torrent avec dix pommes dans les bras, si l'une tombe et qu'il cherche à la rattraper, il risque de faire tomber les autres et même de se retrouver sans même un trognon sur l'autre rive.
De par son statut privilégié le RG, lui, est sûr de perdurer, et c'est donc une part essentielle et bien représentative de la langue romanche qui survivra grâce et à travers lui.

En ce qui concerne le vocabulaire, le RG a ratissé large. Outre parfois l'adoption de deux formes de même origine (**isanza/usit** "usage, **mover/muventar** "mouvoir"), dans un grand nombre de cas on a adopté deux ou plusieurs mots différents pour le même sens, afin de permettre à l'utilisateur local de conserver une grande partie de son lexique propre. Ainsi pour "araignée", on trouve en RG les formes **arogn** (L *aragn/arogn*) et **filien** (S *falien*), cette dernière forme rappelant d'ailleurs la désignation allemande *Spinne* "la fileuse".

Regardons le romanche-grison avec bienveillance, et n'hésitons pas à admirer cette toute petite communauté qui a su si bien conserver sa langue à travers les siècles et dans un environnement difficile, voire franchement défavorable. Et formons des vœux pour que les locuteurs trouvent ensemble la meilleure solution pour continuer à la préserver.

Le romanche-grison vit des idiomes,
les idiomes tirent profit du romanche-grison.

Chapitre IX
PHRASES USUELLES

Bonjour.	Allegra, bun di.
Bonsoir, bonne nuit.	Buna saira, buna notg.
Au revoir, ciao !	A revair, chau !
Voici M., Mme Pinchera.	Quai è signur, dunna Pinchera.
Je m'appelle Reto Cadruvi.	Jau hai num Reto Cadruvi.
Je suis de Zurich.	Jau sun da Turitg.
J'habite rue de la Poste.	Jau stun a la via da la Posta.
Comment allez-vous ?	Co vai ?
Très bien, merci.	Fitg bain, grazia.
Merci beaucoup.	Grazia fitg.
Il n'y a pas de quoi.	Anzi.
Pardon, excusez-moi.	Perdunai, perstgisai.
Je suis désolé !	I ma displascha !
Où puis-je trouver... ?	Nua poss jau chattar… ?
A quelle distance se trouve...	Quant lunsch èsi ['ɛsi] fin a… ?
Combien coûte ce(tte)... ?	Quant custa quest(a)… ?
Qu'est-ce que cela veut dire ?	Tge vul quai dir ?
Je ne parle pas bien romanche.	Jau na discur betg bain rumantsch.
Soyez patient avec moi, svp.	Hajas pazienza cun mai, per plaschair.
Pourriez-vous parler plus lentement ?	Pudessas Vus discurrer pli plaun ?
Pourriez-vous répéter ?	Pudessas Vus repeter quai ?
Désolé, je ne comprends pas.	Jau stun mal, ma jau na chapesch betg.
Quelqu'un ici parle-t-il français ?	Discurra insatgi qua franzos ?
Pouvez-vous me montrer ?	Pudais Vus mussar a mai ?
Peux-tu m'aider ?	Pos ti gidar mai ?
J'aimerais une chambre individuelle.	Jau avess gugent ina chombra singula.
Montrez-nous une chambre double, pas trop chère.	Mussai a nus ina chombra dubla, na memia chara.
Il y a une salle de bains.	Igl è in bogn.
Il n'y a pas l'air conditionné.	I n'è betg aria cundiziunada.
Donnez-moi quelque chose de meilleur marché.	Dai a mai insatge pli bunmartgà.

J'ai soif, apporte-moi un verre d'eau.
Jau hai said, porta a mai in magiel aua.

J'ai faim, je cherche un restaurant.
Jau hai fom, jau tschertg in'ustaria.

J'ai perdu mon passeport. Jau hai pers mes passaport.

Peux-tu (me) dire quelle heure il est ?
Pos ti dir las quantas ch'igl è ?

Il est neuf heures et demie. Igl è las nov e mesa.

Il est dix heures moins le quart. Igl è in quart avant las diesch.

Ma montre avance. Mia ura va memia baud.

Il est né en 1970. El è naschì il millinovtschientsettanta.

Où est le bureau de change ? Nua è il biro da stgamiar ?

Je voudrais changer 100 euros. Jau vuless stgamiar tschient euros.

Quel est le taux de change ? Qual è il curs da stgomi ?

Où puis-je stationner ma voiture ? Nua poss jau parcar mes auto ?

Je voudrais mettre ceci dans votre coffre-fort.
Jau vuless metter quai en Voss tresor.

Pouvez-vous me réveiller à sept heures,s'il vous plaît.
Pudais Vus s̲vegliar mai a las set, per plas̲chair.

Où sont les toilettes dames/messieurs ?
Nua è la tualetta da dunnas/dad umens ?

Je voudrais envoyer un courriel.
Jau vuless trametter in e-mail [i:meil].

Pouvez-vous repasser ces vêtements ?
Pudessas Vus stgirar questa vestgadira ?

J'en ai besoin le plus vite possible.
Jau dovrel ella il pli prest pussaivel.

L'air conditionné ne fonctionne pas.
L'indriz da climatisaziun na funcziuna betg.

Il n'y a pas d'eau chaude. I n'ha betg aua chauda.

Ma chambre n'a pas été faite. Mia chombra n'è betg venida fatga.

Il y a trop de bruit dans la chambre d'à côté.
Igl è memia blera canera en la chombra dasperas.

Je pars demain matin. Préparez ma note, s'il vous plaît.
Jau part damaun marvegl. Fas̲chai pront il quint, per plas̲chair.

Je crois qu'il y a une erreur dans cette note/addition.
Jau crai ch'igl ha in s̲bagl en quest quint.

Pouvez-vous appeler un taxi, s'il vous plaît ?
Pudais Vus clamar in taxi, per plaschair ?
Pouvez-vous recommander un bon restaurant ?
Pudais Vus recumandar in bun restaurant ?
Y a-t-il aux alentours des restaurants qui ne sont pas trop chers ?
Hai qua insanua restaurants che n'èn betg memia chars ?
Je voudrais réserver une table pour quatre.
Jau vuless reservar ina maisa da quatter.
Pourrais-je avoir le menu, s'il vous plaît ?
Pudess jau avair la carta da menu, per plaschair ?
J'aimerais un plat local. Jau avess gugent ina tratga locala.
Pourrais-je avoir un peu de pain, beurre, huile, poivre, sel, sucre...
Pudess jau avair in pau paun, paintg, ieli, paiver, sal, zutger...
Je voudrais une demi-bouteille de vin blanc/rouge.
Jau vuless ina mesa buttiglia vin alv/cotschen.
C'est assez, merci. Nus essan servids, grazia.
J'aimerais déjeuner, svp : un café au lait et des croissants.
Jau avess gugent ensolver, per plaschair : in café cun latg e creschents.
Excusez-moi, pouvez-vous me dire le chemin pour le musée ?
Perstgisai ! Ma pudais dir la via al museum ?
Pouvez-vous me montrer sur la carte où je suis ?
Pudais Vus mussar sin la charta nua ch'jau sun ?
Où est la station d'essence la plus proche ? Nua è il proxim tancadi ?
Y a-t-il aux alentours une église catholique, protestante ?
Hai en vischinanza in baselgia catolica, refurmada ?
Je voudrais louer une paire de skis Jau vuless fittar in pèr skis.
Où pourrais-je acheter un équipement de randonnée ?
Nua poss jau cumprar in equipament da viandar ?
Pouvez-vous me recommander un guide de montagne expérimenté ?
Ma pudais Vus recumandar in guid da muntogna experimentà ?
J'aime le climat, la culture locale.
Jau hai gugent il clima, la cultura indigena.
Puis-je vous inviter à prendre le café ?
Dastg jau envidar Vus ad in café ?
Voulez-vous venir avec nous ? Vulessas Vus vegnir cun nus ?
Quelle température fait-il ? Co è la temperatura ?
Le temps est variable, il fait très nuageux.
L'aura è variada, igl è fermamain surtratg.

Il va faire mauvais temps. I vegn trid'aura.
Fera-t-il beau demain ? Èsi ['ɛsi] bell'aura damaun ?
Où puis-je trouver un supermarché ?
Nua poss jau chattar in supermartgà ?
J'aimerais quelque chose contre les coups de soleil.
Jau avess gugent insatge cunter in'arsentada dal sulegl.
Puis-je essayer cet imperméable ?
Poss jau empruvar quest mantè da plievgia ?
Je préfère quelque chose comme (celui) dans la vitrine.
Jau preferesch insatge sco quai en la fanestra.
Je ne connais pas les tailles/pointures suisses.
Jau n'enconusch betg las grondezzas svizras.
Ça va très bien, ça ne va pas. I va fitg bain, i na va betg.
Pouvez-vous réparer cette montre ? Pudais Vus cumadar quest'ura ?
Je voudrais faire contrôler ma vue.
Jau vuless laschar controllar mes egls.
Un timbre pour cette carte postale, s'il vous plaît.
Ina marca per questa cartina, per plaschair.

Chapitre X
TEXTES

Une première mise en bouche avec ces deux phrases qui résument assez bien la situation de notre Canton :

Ladin
Il chantun Grischun cumpiglia regiuns da caracter fich different.
E differents sun eir ils tips da cha(sa)s chi chatta qua.
Surmiran
Igl cantun Grischun cumpeglia regiuns da caracter fitg different.
E differents èn er igls tips da tgeasas tg'ins catta cò.
Sutsilvan
Igl cantùn Grischùn cumpeglia regiùns da caracter fetg difaraint.
A difaraints en ear igls tips da tgea(sa)s, c'ign tgata/cata qua.
Sursilvan
Il cantun Grischun cumpeglia regiuns da caracter fetg different.
E differents ein era ils tips da casas ch'ins anfla cheu.

RG
Il chantun Grischun cumpiglia regiuns da caracter fitg different.
E differents èn er(a) ils tips da chasa che ins chatta qua.

Français
Le canton des Grisons comprend des régions de caractère très différent.
Et différents sont aussi les types de maisons que l'on y trouve.

Notes :
Le sutsilvan présente une orthographe supra-dialectale mais aussi des variantes inconciliables, comme *tgata/cata*.
Le sursilvan connaît aussi le verbe *cattar* "trouver", mais ici on a préféré le verbe *enflar* qui signifie "découvrir".
Le mot "maison" (latin CASA) donne lieu a des formes variées, parfois monosyllabiques et à phonétique variable. Ce mot latin a donné en français la préposition *chez*.

Le **Notre Père**

Cette prière chrétienne, appelée également "oraison dominicale", c'est-à-dire la prière transmise par le Seigneur Jésus, se disait en latin PATER NOSTER, d'où les mot français *patenôtre* et *pater*.

Voici les versions en romanche-grison et dans les différents idiomes, ainsi que deux formes anciennes.

Naturellement il ne s'agit pas d'un texte vraiment spontané, mais les traducteurs ont toujours eu à cœur de travailler avec soin, à la fois pour rendre le sens profond du texte originel, mais aussi afin d'obtenir une version élégante pour l'usage liturgique.

Pour ceux qui ne connaîtraient pas ce texte, on trouvera d'abord deux formes françaises, celle des catholiques jusqu'au concile Vatican II (1962-65), et la version œcuménique qui a été instituée depuis lors.

Français

(ancienne version)

Notre Père, qui êtes aux cieux, que votre Nom soit sanctifié, que votre règne arrive, que votre volonté soit faite sur la terre comme au ciel. Donnez-nous aujourd'hui notre pain quotidien, pardonnez-nous nos offenses, comme nous pardonnons à ceux qui nous ont offensés, et ne nous laissez pas succomber à la tentation, mais délivrez-nous du mal. Ainsi soit-il.

(nouvelle version, œcuménique)

Notre Père, qui es aux cieux, que ton Nom soit sanctifié, que ton règne vienne, que ta volonté soit faite, sur la terre comme au ciel. Donne-nous aujourd'hui notre pain de ce jour, pardonne-nous nos offenses, comme nous pardonnons aussi à ceux qui nous ont offensés, et ne nous soumets pas à la tentation, mais délivre-nous du Mal. Car c'est à Toi qu'appartiennent le règne, la puissance et la gloire, pour les siècles des siècles. Amen.

Rumantsch grischun :

Il Babnoss

Bab noss, ti che es en tschiel! Sanctifitgà vegnia tes num! Tes reginavel vegnia tar nus! Tia veglia daventia sin terra sco en tschiel! Noss paun da mintgadi dà a nus oz! Ed ans perduna noss debits, sco era nus perdunain a noss debiturs! E n'ans maina betg en empruvament, ma spendra nus dal mal! Pertge tes èn il reginavel, la pussanza e la gloria en etern. Amen.

Vallader :
Il Bapnos
Bap nos, tü chi est in tschêl! Fat sonch vegna teis nom! Teis reginam vegna nanpro! Tia vöglia dvainta sco in tschêl eir sun terra! Nos pan d'iminchadi dà a nus hoz! E parduna'ns noss debits, sco cha eir nus pardunain a noss debitaduors! E nun ans manar in provamaint, ma spendra'ns dal mal! Perche teis es il reginam e la pussanza e la gloria in etern. Amen.

Puter :
Il Bapnos
Bap nos, tü chi est in tschêl! Sanctificho vegna tieu nom! Tieu reginam vegna tiers nus! Tia voglia dvainta in terra scu in tschêl! Nos paun d'iminchadi do a nus hoz! E parduna'ns noss dbits scu cha eir nus pardunains a noss debitaduors! E nun ans mner in appruvamaint, ma spendra'ns dal mel! Perchè tieu es il règinam e la pussanza e la glüergia in etern. Amen.

Surmiran :
Igl Babnoss
Bab noss, tgi te ist ainten tschiel. Santifitgia seia igl ties nom. Igl ties reginavel vigna. La tia viglia davainta sen tera scu ainten tschiel. Igl noss pan da mitgade dô a nou oz. E pardun'a nous igls noss dabets, scu er nous vagn parduno agls noss debituors. Betg laschans crudar an malapruamaint, ma spendra nous digl mal. Amen.

Sutsilvan :
Igl Bapnoss
Bab noss, igl qual ca tei es an tschiel! Sontg vigni fatg igl tieus num! Il tieus raginavel vigni na tier nus! La ti viglia davainti sen teara sco an tschiel! De a nus oz igl noss pàn da mintga di! A pardùna igls noss putgeas sco nus pardunagn ear aglis noss culpànts. A betga nus manar an ampruamaint, ma nus spendra digl mal. Partgè ca tieus en igl raginavel, la pussànza a la gliergia a semper! Amen.

Sursilvan :
Il Babnos
Bab nos, ti che eis en tschiel, sogns vegni fatgs tiu num, tiu reginavel vegni neutier, tia veglia daventi sin tiara sco en tschiel. Nies paun de mintga gi dai a nus oz, e perduna a nus nos puccaus, sco era nus perdunein a nos culponts, e meina nus buc en empruament, mo spendra nus dal mal. Pertgei tes ein il reginavel, la pussonza e la gliergia a semper. Amen.

Versions anciennes (entre crochets une virgule rajoutée) :

Puter (Evangile de Matthieu, Bifrun, 1560) :
Bab nos, quęl chi ist in schil, santifichio saia l'g tes nũ[,] l'g tieu ariginam uigna tiers nus, la tia uœglia duainta in terra sco ella fo in schil. Dò à nus nos paun huotz & in münchia di. Parduna à nus nos dbits, sco er nus pardunain à nos debitaduors. Et nuns mnêr in appruuamaint, dimpersemaing spendra nus dalg mêl (per che tieu es l'g ariginam & la pusaũza & la glœrgia saimper & saimpermê) Amen.

Sursilvan (Catéchisme de Bonifaci, 1601) :
Babbs noss quel cha tij ees eintin tschiels.
Sangh vignig fatg igl teu numm.
Igl teu reginaa vignig na tiers nus.
La tia vœglia daveint' eintin terra, scò la fà eintin tschiel.
Igl noss paun da münchia gij dæ à nus hotz.
Et perdun' à nus ils noss peccaas, scò nus perdunein als noss peccadurs.
Et nuns' manar in provameint, mò ans spindra dagl mal.
Perche cha teas ees igl reginaa, la possauntza, la gloria in perpetuum. Amen.

Voici le début d'une fable, bien connue en français également, en RG et dans six variétés. La traduction française est à la suite, pour ceux qui voudraient procéder au déchiffrage auparavant.

Rumantsch grischun
La vulp era puspè in giada fomentada.
Qua ha ella vis sin in pign in corv che tegneva in toc chaschiel
en ses pichel. Quai ma gustass, ha ella pensà, ed ha clamà al corv :
«Tge bel che ti es ! Sche tes chant è uschè bel sco
tia parita, lur es ti il pli bel utschè da tuts».

Jauer (Idiome du Val Müstair)
La uolp d'era darchiau üna jada fomantada.
Qua ha'la vis sün ün pin ün corv chi tegnea ün toc chaschöl
in ses pical. Quai ma gustess, ha'la s'impissà, ed ha clomà al corv :
«Cha bel cha tü esch ! Scha tes chaunt es ischè bel sco
tia apparentscha, lura esch tü il pü bel utschè da tots».

Vallader
La vuolp d'eira darcheu üna jada fomantada.
Qua ha'la vis sün ün pin ün corv chi tgnaiva ün toc chaschöl
in seis pical. Quai am gustess, ha'la pensà, ed ha clomà al corv :
«Che bel cha tü est ! Scha teis chant es uschè bel sco
tia apparentscha, lura est tü il plü bel utschè da tuots».

Puter
La vuolp d'eira darcho üna vouta famanteda.
Co ho'la vis sün ün pin ün corv chi tgnaiva ün töch chaschöl
in sieu pical. Que am gustess, ho'la penso, ed ho clamo al corv :
«Chel bel cha tü est ! Scha tieu chaunt es uschè bel scu
tia apparentscha, alura est tü il pü bel utschè da tuots».

Surmiran
La golp era puspe eneda famantada.
Co ò ella via sen en pegn en corv tgi tigniva en toc caschiel
an sies pecal. Chegl am gustess, ò ella panso, ed ò clamo agl corv :
«Tge bel tgi te ist ! Schi ties cant è schi bel scu
tia parentscha, alloura ist te igl pi bel utschel da tots».

Sutsilvan

La gualp eara puspe egn'eada fumantada.
Qua â ella vieu sen egn pegn egn corv ca taneva egn toc caschiel ainten sieus pecel. Quegl gustass a mei, â ella tartgieu, ed ha clamo agli corv :
«Tge beal ca tei es ! Scha tieus tgànt e aschi beal sco
tia pareta, alura es tei igl ple beal utschi da tuts».

Sursilvan

L'uolp era puspei inagada fomentada.
Cheu ha ella viu sin in pegn in tgaper che teneva in toc caschiel
en siu bec. Quei gustass a mi, ha ella tertgau, ed ha clamau al tgaper :
«Tgei bi che ti eis ! Sche tiu cant ei aschi bials sco
tia cumparsa, lu eis ti il pli bi utschi da tuts».

Français

Le renard était une fois de plus affamé.
Là il a vu sur un sapin un corbeau qui tenait un morceau de fromage
dans son bec. Cela serait à mon goût, a-t-il pensé, et il a crié au corbeau :
«Que tu es beau ! Si ton chant est aussi beau que
ton apparence, alors tu es le plus bel oiseau de tous».

Quelques commentaires

renard : latin VULPĒS (féminin, comme en romanche).
de nouveau : en ladin *darcheu*, exactement le français "derechef".
affamer : RG **fomentar**, création romanche.
corbeau : **corv** partout sauf en sursilvan.
bec : partout type RG **pichel** sauf en sursilvan (aussi RG **bec**).
cela me goûterait : le pronom est postposé en sutsilvan et sursilvan.
penser : type RG **pensar** < pēnsāre, sauf sutsilvan/sursilvan *tertgar* < TRACTĀRE (mais on a en RG **patratgar** < PERTRACTĀRE).
que tu es beau : littéralement "que beau que tu es", en sursilvan *bials* avec le *-s* de l'attribut, mais on peut noter ailleurs le -s du nominatif latin dans les possessifs "son bec", "ton chant" (RG **ses, tes**, Jauer, Vallader, Surmiran, Sutsilvan).
si : RG **sche**, compromis entre *scha* (majoritaire), *sche* et *schi*.
chant : on voit que la palatalisation, systématique en ladin, est souvent flottante dans les autres idiomes (*cant/tgànt*).
alors : forme longue *alloura/alura*, moyenne *lura*, courte **lur**/*lu*.

Arrivés à ce stade, vous devriez être en mesure de comprendre à peu près le texte suivant en RG, qui a été présenté plus haut en français, au chapitre II, page 30. Vous ne trouverez ni l'accent tonique ni les soulignements des s, sch, mais vous pourrez observer les formes romanches de nombreux noms allemands et italiens (une difficulté dans la traduction française est le genre féminin du fréquent mot romanche **val** qu'il serait étrange de rendre par "*la* val").
Ce genre de texte technique est assez simple, car il contient de nombreux mots internationaux et d'autres qu'on retrouve dans toutes les langues romanes, de plus le contenu est un peu connu d'avance.

Il chantun Grischun triling
Il Grischun è l'unic chantun de la Svizra cun trais linguas uffizialas. Latiers vegnan las numerusas linguas dals turists, dals lavurers esters e dals immigrants. Quai dat in mosaic linguistic cumplex.
La Constituziun chantunala renconuscha dapi il 1880/92 il tudestg, il rumantsch ed il talian sco linguas uffizialas dal Chantun. Ni la Constituziun chantunala ni in'autra lescha na circumscrivan però ils territoris linguistics. Quels èn il cuntrari il resultat da la pratica – savens fluctuanta – da las differentas vischnancas che determineschan autonomamain la lingua da scola e la lingua administrativa.

Rumantsch : Il territori tradiziunal dal rumantsch cumpiglia tschintg regiuns linguisticas. La Surselva furma il grond bloc al nordvest dal Grischun. Il Grischun central cumpiglia parts da la Tumleastga, da la Val Schons, dal Surmeir e da la Val d'Alvra. L'Engiadina e la Val Müstair furman il territori sidost da l'intschess rumantsch.

Talian : Las quatter vals meridiunalas dal Grischun, il Calanca, il Mesauc, la Bergiaglia ed il Puschlav èn da lingua taliana. Ellas èn orientadas per part culturalmain vers ils vischins meridiunals, il Tessin e l'Italia.

Tudestg : Il territori tudestg cumpiglia las autas valladas colonisadas dals Gualsers (Valragn, Val S. Pieder, Stussavgia, Avras, Scanvetg, Partenz e Tavau), l'exclava Sursaissa, la Val dal Rain Grischuna, la gronda part da la Tumleastga, parts da la Val Schons ed il Samignun (germanisà nà dal Tirol). En adina dapliras vischnancas dal territori rumantsch mida la maioritad linguistica dal rumantsch al tudestg.

Fin entorn il 1850 era il rumantsch la lingua maioritara en il Grischun. Sch'ins cumpareglia las cifras dal 1880 cun quellas dal 1980, dal 1990 e dal 2000 pon ins constatar ina progressiun constanta dal tudestg en cifras absolutas ed en cifras relativas. Il talian mussa ina progressiun irregulara en cifras absolutas. Il rumantsch finalmain ha diminuì massivamain da 40 % il 1880 a 14,5 % sco meglra lingua il 2000.

Il territori linguistic rumantsch

Il territori rumantsch cumpiglia las regiuns al Rain Anteriur (Surselva), parts da las regiuns al Rain Posteriur (Sutselva), il Surses e la Val d'Alvra (Surmeir), l'Engiadin'Ota, l'Engiadina Bassa e la Val Müstair. Mintgina da questas regiuns posseda ses agen idiom. Ils tschintg idioms valan sco linguas da scrittira rumantschas. Quellas na pon dentant lunschora betg cumpigliar la multifariadad dals dialects locals che fan dal territori rumantsch in microcosmos irritant.

Dapi il 1982 exista cun il rumantsch grischun ina lingua da scrittira surregiunala, declerada il 1996 uffiziala per l'adiever administrativ e giuridic chantunal e federal.

Pour finir, cette inscription en sursilvan, qui est la meilleure des conclusions :

STAI SI
DEFENDA
ROMONTSCH
TIU VEGL
LUNGATG

Lève-toi, défend le romanche, ton antique langue !

Chapitre XI
LEXIQUE

Les articles, pronoms et autres mots présentés dans la grammaire qui demandent trop d'explications n'ont pas été repris dans le lexique. Le genre des noms en français n'est donné qu'en cas d'ambiguïté : *bien* m, *ferme* f.
La sonore *sch* et quelquefois *s* sont notées par un soulignement, l'accent tonique romanche est en gras (avec rarement l'accent possible sur deux syllabes : visita). Les spécialistes n'étant pas d'accord entre eux sur l'accentuation des terminaisons en ***-iun***, les deux voyelles sont en gras.
Le féminin des adjectifs n'est donné généralement que lorsqu'il présente une particularité ; sans autre précision il est simplement en -a.

Abréviations

f	*féminin*
m	*masculin*
sg	*singulier*
pl	*pluriel*
coll	*collectif*
v	*verbe*
adj	*adjectif*
adv	*adverbe*

Romanche-grison - Français

A	
a, ad	*à, chez, en, dans*
abandunar	*abandonner, quitter*
abel, abla	*capable*
abitar	*habiter*
absent	*absent*
absolut	*absolu*
accent *m*	*accent*
acceptar	*accepter*
accident *m*	*accident*
d'accord	*d'accord*
accumpagnar	*accompagner*
activitad *f*	*activité*
actual	*actuel*
ad, a	*à, chez, en, dans*
adatg *m*	*attention*
adiever *m*	*emploi, usage*
adina	*toujours*
admirar	*admirer*
adressa *f*	*adresse*
affar *m*	*affaire*
affitar	*louer, bailler à*
agen, atgna	*propre, à soi*
agir	*agir*
agiunscher	*ajouter*
agricul	*agricole*
agricultura *f*	*agriculture*
aissa *f*	*planche*
ala *f*	*aile*
allegher, -gra	*gai, joyeux, amusant*
allegherment *m*, -grezza *f*, -gria *f*	*joie*
allegra !	*bonjour*
alloschar	*loger*
alura, lura	*alors, puis*
alv	*blanc*
amar	*aimer*
amez	*au milieu de*
ami, -a	*ami, -e*
ampla *f*	*lampe*
ampuauna *f*	*framboise*
amunt	*en haut*
amur *f*	*amour*
anc	*encore*
anda *f*	*canard, cane*
gumma *f*	*caoutchouc*
anen	*dedans*
animal *m*	*animal*
annada *f*	*an, année*
anniversari *m*	*anniversaire*
annunzia *f*	*annonce, message*
annunziar	*annoncer*
anor(a)	*dehors*
ans	*(à) nous*
anteriur	*antérieur, ancien*
antruras	*autrefois*
anzi	*plutôt*
anzi !	*je vous en prie ! pas de quoi !*
apaina	*à peine*
apoteca *f*	*pharmacie*
apparat *m*	*appareil*
appartament *m*	*appartement*
appartegnair	*appartenir*
appellar	*appeler*
appreziar	*apprécier*
appuntament *m*	*rendez-vous*
appurtar	*apporter, amener*
arrivar	*arriver*
arder	*brûler*
ardur *f*	*chaleur, ardeur*
argient *m*	*argent (métal)*
aria *f*	*air*
arma *f*	*arme*
armada *f*	*armée*
arment *m*	*bœuf, bovin*
arranschar	*arranger*

arrestar	*arrêter*
art *m*	*art*
artist, -a	*artiste*
artitgel *m*	*article*
as, As	*(à) vous*
ascender	*monter*
aschieu *m*	*vinaigre*
asen *m*	*âne*
assortir	*trier*
astgar	*oser, pouvoir*
atras	*à travers, par*
attenziun *f*	*attention*
atun *m*	*automne*
aua *f*	*eau*
aug *m*	*oncle*
augmentar	*augmenter*
aur *m*	*or (métal)*
aura *f*	*temps (météo)*
aut	*haut*
auter, -tra	*autre*
l'auter di	*le lendemain*
autist *m*	*chauffeur*
auto *m*	*auto*
autobus *m*	*autobus*
autocar *m*	*autocar*
autramain	*autrement*
autur *m*	*auteur*
auzada *f*	*étage*
auzar	*(é)lever, hausser*
avaina *f*	*veine*
avair	*avoir*
avair da	*avoir à, falloir*
avant	*avant*
avantatg *m*	*avantage*
avantmezdi *m*	*matinée*
avanzar	*avancer*
avdar	*habiter*
avegnir *m*	*avenir*
avert	*ouvert*
avieul *m*	*abeille*
aviez *m*	*sapin (blanc)*
avis *m*	*avis, opinion*
s'avischinar	*s'approcher*
aviun *m*	*avion*
avnaun *f*	*marmite*
avrigl *m*	*avril*
avrir	*ouvrir*
avunda	*assez*
avust *m*	*août*

B

bab *m*	*papa, père*
bab e mamma	*parents*
baccun *m*	*morceau*
badigl *m*	*pelle*
bagascha *f*	*bagage*
bagiauna *f*	*haricot*
bagnar	*se baigner*
bain *m*	*bien* m.
bain (puril) *m*	*ferme* f.
bain *adv.*	*bien ; si (= oui)*
fa(schai) il bain	*s'il te/vous plaît*
baiver	*boire*
bajegiar	*bâtir, construire*
bajetg *m*	*bâtiment*
bal *m*	*bal, danse*
balcun *m*	*balcon*
balla *f*	*balle, -on, boule*
ballape *m*	*football*
ballar	*danser*
banc *m*	*banc*
banca *f*	*banque*
bandiera *f*	*drapeau*
bandunar	*abandonner, quitter*
barattar	*échanger*
barba[1] *m*	*oncle*
barba[2] *f*	*barbe*
far la barba	*se raser*
barschun *m*	*brosse*
bartga *f*	*bateau, navire*
basegn *m*	*besoin*
basegnaivel	*nécessaire*
baselgia *f*	*église*
bass, -a	*bas* adj.
bastar	*suffire*

bastun *m* — *bâton*
baterlar — *causer, parler*
batter — *battre*
batterdegl *m* — *instant*
baud — *tôt*
bavrola *f* — *tuyau*
bavronda *f* — *boisson*
be — *seulement, ne... que, donc*
bec *m* — *bec*
beffegiar — *se moquer*
bel, -ella — *beau, belle*
bellezza *f* — *beauté*
benzin *m* — *essence*
bestga *f* — *bête*
betg — *ne... pas*
biadi *m* — *petit-fils*
biancaria *f* — *linge*
biblioteca *f* — *bibliothèque*
biera *f* — *bière*
biestg *m* — *bête*
bigl *m* — *fontaine*
bigliet *m* — *billet*
binari *m* — *voie ferrée*
biro *m* — *bureau*
bischar — *neiger*
bitschar — *donner un baiser*
bittar — *jeter, lancer*
bizar, -rra — *bizarre*
blais(a) *f* — *versant* m.
blau, -a — *bleu*
bler *adj/adv* — *beaucoup*
pli bler — *davantage*
blessar — *blesser*
blessura *f* — *blessure*
bletsch, -a — *mouillé*
blond, -a — *blond*
blusa *f* — *blouse*
blut, -a — *nu*
bogn *m* — *bain, salle de bain*
bognera *f* — *baignoire*
botta *f* da naiv — *boule de neige*
bov *m* — *bœuf*
bragir — *crier, pleurer*
brassar — *griller*
brastoc *m* — *veste*
bratsch *m* — *bras*
brav, -a — *brave*
bregia *f* — *effort*
brentina *f* — *brouillard*
brev *f* — *lettre, missive*
brin — *brun*
brischar — *brûler*
broda *f* — *bouillon, soupe ; sauce*
bucca *f* — *bouche*
buglir — *bouillir*
bun, -a — *bon, bonne*
bun di ! — *bonjour*
buna notg ! — *bonne nuit*
buna saira ! — *bonsoir*
bunamain — *presque, environ*
bunamaun *f* — *pourboire*
burasca *f* — *tempête*
bursa *f* — *porte-monnaie*
bus *m* — *bus, autobus*
bustab *m* — *lettre (caractère)*
butia *f* — *boutique, magasin*
buttiglia *f* — *bouteille*
buttun *m* — *bouton*

C

cabina *f* — *cabine*
café *m* — *café*
calm — *calme, tranquille*
camarat, -a — *camarade*
camarier *m* — *serveur*
camiun *m* — *camion*
campadi *m* — *camping*
canera *f* — *bruit*
capavel, -vla — *capable*
capitar — *arriver, se passer*
capodovra *m* — *chef-d'œuvre*
cardientscha *f* — *croyance, foi*
carstgaun *m* — *être humain*
carta *f* — *carte, fiche*
cas *m* — *cas*
casualitad *f* — *hasard*

causa *f*	*cause*
cav	*creux*
center *m*	*centre*
chadaina *f*	*chaîne*
chalet *m*	*chalet*
chalira/chalur *f*	*chaleur*
chaltschiel *m*	*chaussette, bas, tricot*
chalzer *m*	*chaussure*
chametg *m*	*éclair*
chamin *m*	*cheminée*
chaminar	*aller, marcher*
chamischa *f*	*chemise*
champagna *f*	*campagne*
chanaster *m*	*panier*
chanta *f*	*pot*
chantar	*chanter*
chantun *m*	*bord, coin, bout, arête ; canton*
chanzun *f*	*chanson*
chapè *m*	*chapeau*
chapir	*comprendre*
chapitala *f*	*capitale*
chaprizi *m*	*caprice, humeur*
char *m*	*voiture*
char, -a	*cher*
chargiar	*charger*
charin	*gentil, joli, tendre*
charn *f*	*viande, chair*
charrar	*rouler, conduire*
charta *f*	*carte (jeu, géo)*
chasa *f*	*maison*
chasa communala *f*	*mairie*
chasa-cumin *f*	*mairie*
chasada *f*	*ménage*
chascha *f*	*boîte, caisse*
chaschiel *m*	*fromage*
chaschun *f*	*occasion, cause*
chaschunar	*causer, produire*
chastè *m*	*château*
chastiar	*punir*
chatschar	*chasser*
chattar	*trouver*
chau *m*	*tête, chef*
chaud *(m)*	*chaud ; chaleur*
chaun *m*	*chien*
chaura *f*	*chèvre*
chaussa *f*	*chose*
chautschas *fpl*	*pantalon, culotte*
chaval *m*	*cheval*
chavar	*creuser*
chavazzin *m*	*extrémité, bout*
chavel *m*	*cheveu*
chaverna *f*	*grotte, caverne*
chavorgia *f*	*ravin, gorge*
chavortg, -rgia	*creux*
chazzetta *f*	*casserole, poêle*
che	*que, qui*
chista *f*	*caisse*
chombra *f*	*chambre*
chomma *f*	*jambe*
far chommas	*se dépêcher*
chomp *m*	*champ*
cifra *f*	*chiffre*
cigaretta *f*	*cigarette*
circa	*environ*
cirquit *m*	*circuit, zone*
citad *f*	*ville*
clamada *f*	*profession, métier*
clamar	*crier*
classa *f*	*classe*
clauder	*fermer*
clav *f*	*clé*
clavà *m*	*grange*
cleger	*cueillir*
cler, -a	*clair*
cler *m*	*lumière*
clerezza *f*	*lumière*
client *m*	*client*
co ?	*comment ?*
coier	*cuire, bouillir*
collar	*coller*
colliar	*lier*
colur *f*	*couleur*

comic	*drôle, comique*	cridar	*pleurer*
commember *m*	*membre*	criv	*cru, non cuit*
commerzi *m*	*commerce*	cros(a) *m(f)*	*plat, assiette*
commoditad *f*	*toilettes, w.-c.*	crudar	*tomber, couler*
concerner	*concerner*	crusch *f*	*croix*
concurs *m*	*dépôt de bilan*	crusta *f*	*croûte*
conferenza *f*	*conférence*	cua *f*	*queue*
confessar	*avouer*	cuchegiar	*regarder*
confidenza *f*	*confiance*	cudesch *m*	*livre* m.
congedi *m*	*congé*	cugliunar	*tromper*
consegnar	*remettre*	cuir	*laisser, accorder*
construir	*construire*	cular	*couler, fondre*
contact *m*	*contact*	culiez *m*	*cou*
conto *m*	*compte (banque)*	culla *f*	*balle, -on, boule*
conuman *m*	*être humain, semblable* m.	culli *m*	*stylo*
		culm *m*	*montagne, col*
conuscher	*connaître, savoir*	culp *m*	*coup*
conuschientscha *f*	*connaissance, savoir*	culpa *f*	*faute*
		cultira *f*	*(agri)culture*
conversaziun *f*	*conversation*	cultivar	*cultiver*
cor *m*	*cœur*	cultura *f*	*culture (arts)*
corda *f*	*corde, ficelle*	cumadaivel	*confortable*
cordoli *m*	*deuil*	cumandar	*commander*
corn(a) *m(f)*	*corne*	cumbain che	*quoique*
corp *m*	*corps*	cumenzar	*commencer*
corpulent	*gros, corpulent*	cumin, -a	*commun, ordinaire*
correspunder	*correspondre*	cumin *m*	*commune*
costa *f*	*côte*	cuminaivel, -vla	*commun*
costum *m*	*costume, tenue*	cumond *m*	*commandement*
cot *m*	*coq, poulet*	cumpagnar	*accompagner*
cotg	*cuit*	cumparair	*(ap)paraître*
cotschen, -schna	*rouge*	cumparter	*partager*
crair	*croire*	cumplain	*plein*
crap *m*, crappa *coll*	*pierre*	cumplanscher	*regretter*
cravatta *f*	*cravate*	cumplet, -a	*complet*
crear	*créer*	cumplitgà	*compliqué*
credit *m*	*crédit*	cumpogn, -a	*compagnon*
crema *f*	*crème*	cumpra *f*	*achat*
creschent *m*	*croissant*	cumprar	*acheter*
crescher	*croître, pousser, grandir*	cumprova *f*	*preuve*
		cun	*avec, par*
creschì, -ida	*adulte*	in cun l'auter	*ensemble*
cria *f*	*pot*		

cundiziun *f*	*condition*
cunfin *m*	*frontière*
cuntè *m*	*couteau*
cuntent	*content*
cunter	*contre*
cuntinuar	*continuer*
cuntrada *f*	*région, contrée*
cuntrari	*contraire*
cunzunt	*surtout*
cupitgar	*tomber*
cuppa *f*	*plat, assiette*
cuppin(a) *m(f)*	*tasse*
cur(a) ?	*quand ?*
cur(a) che	*lorsque, quand*
curaschi *m*	*courage*
curclar	*couvrir*
curius	*curieux ; bizarre*
current	*courant*
currer	*courir*
currier *m*	*courrier*
curs *m*	*cours*
cursa *f*	*course*
curt *f*	*cour*
curt, -a	*court, bref*
curtaschaivel	*poli, courtois*
curtin *m*	*jardin*
cuschina *f*	*cuisine*
cuser	*coudre*
cusrin, -a	*cousin, -e*
cussegl *m*	*conseil*
cussegliar	*conseiller* v.
custar	*coûter*
custs *mpl*	*frais* mpl.
cuvel *m*	*grotte*
cuvert, -a	*couvert, -e*
cuverta *f*	*couverture, enveloppe*
cuvrir	*couvrir*

D

da(d)	*de, chez*
dabot	*vite*
daco	*pourquoi*
dacurt	*récemment*
dadens	*dedans*
dador(a)	*dehors*
dafraid *m*	*rhume*
dagut *m*	*goutte*
daletg *m*	*joie, plaisir*
dalunsch	*loin*
dama	*dame*
damai	*donc*
damai che	*puisque*
damaun[1] *f*	*matin*
damaun[2] *adv*	*demain*
daner(s) *m*	*argent*
danovamain	*de nouveau*
danunder	*d'où*
dapertut	*partout*
dapi	*depuis*
dapli, pli	*davantage, plus*
dapreschent	*actuellement, maintenant*
dar	*donner*
i dat	*il y a*
dar a fit	*louer, bailler à*
dar giu	*tomber*
dasdar	*réveiller*
dasper(as)	*près, près de*
dastgar	*oser, pouvoir*
datiers	*près (de)*
dauzar	*élever, hausser*
davant(tiers)	*devant*
davent	*en* adv.
daventar	*devenir, se passer*
davos, -a	*dernier*
davos(tiers)	*arrière, derrière*
debel, -bla	*faible*
december *m*	*décembre*
decider	*décider*
decisiun *f*	*décision*
decorar	*décorer*
decurs *m*	*cours*
defect *m*	*défaut*
defender	*défendre*

demolir	*démolir*
demussar	*montrer, prouver*
dent *m*	*dent*
dentant	*cependant, mais, toutefois*
dentist, -a	*dentiste*
depender da	*dépendre de*
deplorablamain	*malheureusement*
derschar	*juger*
derscher	*verser*
descender	*descendre*
dessert *m*	*dessert*
destruir	*détruire, démolir*
det *m*, detta *coll*	*doigt*
detagl *m*	*détail*
detg	*plutôt, assez*
di *m*	*jour, journée*
di davos *m*	*lendemain*
diavel/dianter *m*	*diable*
dies *m*	*dos*
diesch	*dix*
Dieu *m*	*Dieu*
diever *m*	*emploi, usage*
different	*différent*
differenza *f*	*différence*
difficil	*difficile*
difficultad *f*	*difficulté*
dir[1]	*dire*
dir[2], -a	*dur*
direct	*direct*
directur *m*	*directeur*
direcziun *f*	*direction*
diriger	*diriger, conduire*
disa *f*	*habitude*
disc *m*	*disque*
discurrer	*parler*
discutar	*discuter*
disfortuna *f*	*malheur*
disfortunà	*malheureux*
disgrazia *f*	*malheur*
disgrazià	*malheureux*
dismetter	*enlever*
dissegnar	*dessiner*
disturbar	*déranger, ennuyer, gêner*
ditg	*longtemps*
divertir	*divertir, amuser*
docter *m*	*docteur*
dolur *f*	*douleur*
domadu(a)s	*tous les deux*
donn *m*	*le dommage*
dragun *m*	*torrent*
dretg, -a	*droit, -e*
dretg *m*	*le droit*
dretg or(a)	*tout droit*
dretg si	*debout*
drizzar	*dresser, installer*
duair	*devoir, être tenu de*
duair *m*	*le devoir*
duana *f*	*douane*
dubel, -bla	*double*
dubi *m*	*doute*
dubitar	*douter*
dudir	*entendre*
dultsch, -a	*doux*
dumandar	*demander*
dumber *m*	*nombre*
dumbrar	*compter*
dumengia *f*	*dimanche*
dumonda *f*	*question, demande*
dun *m*	*don, cadeau*
dunna *f*	*femme, dame*
durada *f*	*durée*
durant	*pendant, durant*
sa durmentar	*s'endormir*
durmir	*dormir*
dus *m*, du(a)s *f*	*deux*
duscha *f*	*douche*
dustar	*enlever, ôter*
dutg *m*	*ruisseau*
duvrar	*employer, se servir*

E

e(d)	*et*
economisar	*économiser*

ed uschia vinavant *et cetera*
educar *éduquer, élever*
educaziun *f* *éducation*
effect *m* *effet*
egl *m* *œil*
egliada *f* *regard, œillade*
egliers *mpl* *lunettes*
egual *égal*
el *il, lui*
electric *électrique*
electricitad *f* *électricité*
eleger *choisir, élire*
elevar *élever*
ella *elle*
ellas *elles*
els *ils, eux*
emblidar *oublier*
embratschar *embrasser*
emissiun *f* *émission*
emna *f* *semaine*
empatg *m* *panne*
s'empatgar da *s'occuper de*
empermetter *promettre*
emplenir *remplir*
emploià *employé*
emprender *apprendre*
emprest (dar ad –) *prêter*
emprestar *prêter*
emprim *premier*
l'emprim *d'abord*
empruvar *essayer*
empurtar *vouloir dire, importer*
empustar *commander passer commande*
en *en, dans*
enavos *de retour, en arrière*
enavos (ir –) *reculer*
enavos (metter –) *remettre*
encleger *comprendre*
enconuscher *connaître, savoir*
enconuschientscha *f* *connaissance, savoir*

encunter *contre*
endadens *dedans*
endrizzar *installer, arranger*
(en)endretg, -a *juste*
enfin, fin *jusque, jusqu'à*
engaschar *engager*
engianar, sa – *tromper, se –*
engiu (ir –) *descendre*
englais, -a *anglais*
engol *m* *vol, larcin*
engraziar *remercier*
engraziel *merci*
engrevgiar *charger*
engular *voler, dérober*
enorm *énorme*
s'enriclar *regretter*
ensaina *f* *signe, enseigne*
ensemen *ensemble*
ensi *en haut*
entamez *au milieu de*
entant che *pendant que*
enten *dans*
entiert *m* *tort*
entir, -a *entier*
entrada *f* *entrée*
entrar *entrer*
entschaiver *commencer*
entschatta *f* *début*
entupar *rencontrer*
enturn *autour de*
enturnar *entourer*
envi(a) *là, y*
envidar[1] *allumer*
envidar[2] *inviter*
enviern *m* *hiver*
enziana *f* *gentiane*
equipa *f* *équipe*
er[1] *m* *champ*
er[2], era *aussi, également*
er(a) sche *quoique*
n'era betg *(pas) non plus*
errur *f* *erreur*

erva *f*	*herbe*
esser	*être*
ester, -tra	*étranger*
euro *m*	*euro*
eveniment *m*	*événement*
evident	*évident*
evla *f*	*aigle*
exact	*exact*
exempel *m*	*exemple*
exister	*exister*
expensas *fpl*	*dépenses, frais*
explitgar	*expliquer*
exteriur	*extérieur*

F

fabrica *f*	*fabrique, usine*
facil, -a	*facile*
fadia *f*	*peine, effort*
fadius	*pénible*
fai *f*	*foi*
fain *m*	*foin*
falla *f*	*poignée (porte)*
fallà, -ada	*faux, fausse*
fallar	*manquer (à)*
famiglia *f*	*famille*
fanadur *m*	*juillet*
fanestra *f*	*fenêtre*
far	*faire*
far giu	*décider*
farina *f*	*farine*
farma *f*	*ferme* f.
fastidi *m*	*souci*
fatg *m*	*fait* m.
fatscha *f*	*face, visage*
fatschenta *f*	*affaire, magasin*
fatschentar	*occuper*
faudar	*plier*
fauss, -a	*faux, fausse*
fav *m*	*fève, haricot*
favrer *m*	*février*
favugn *m*	*fœhn (vent)*
faziel/fazielet *m*	*mouchoir*
fegl *m*	*feuille*
feglia *coll*	*feuilles, feuillage*
ferir	*blesser*
ferm	*fort, ferme(ment)*
fermar	*arrêter, attacher, fermer*
sa fermar	*s'arrêter*
festa *f*	*fête*
fevra *f*	*fièvre*
fiac, -cca	*fatigué, épuisé*
fidaivel, -vla	*fidèle*
fidanza *f*	*confiance*
fiduzia *f*	*confiance*
fier *m*	*fer*
fiera *f*	*foire, marché*
fieu *m*	*feu*
far fieu	*chauffer*
figl *m*	*fils*
figlia *f*	*fille*
fil *m*	*fil*
fim *m*	*fumée, vapeur*
fimar	*fumer*
fin[1] *f*	*fin, bout*
fin *f* d'emna	*week-end*
a la fin	*à la fin, enfin*
fin[2], -a	*fin, mince, tendre*
fin[3], enfin	*jusque, jusqu'à*
finamira *f*	*but, fin*
finir	*finir, terminer*
firmar	*signer*
fist *m*	*bâton*
fit *m*	*location, intérêts*
fit(-chasa) *m*	*loyer*
dar a fit	*louer, bailler à*
prender a fit	*louer auprès*
fitg	*très, extrêmement*
fittar	*louer auprès*
fladar	*respirer*
flaivel, -vla	*faible*
flanar	*se promener, flâner*
fletta *f*	*tranche*
fluir	*couler, s'écouler*
flum *m*	*fleuve, rivière*
flur(a) *f*	*fleur*

fom *f*	*faim*
fondue *m/f*	*fondue*
fora *f*	*trou*
forsa	*peut-être*
forsch *f sg*	*ciseaux*
fortuna *f*	*fortune, bonheur, chance*
fortunà	*heureux*
forza *f*	*force*
foss *m*	*fossé*
foto *f*	*photo*
fradaglia *f*	*le froid*
fraid *(m)*	*froid ; le froid*
frain *m*	*frein*
fraja *f*	*fraise*
franc[1] *m*	*franc suisse*
franc[2]	*libre, sûr(ement)*
franzos, -a	*français, -e*
frar *m*	*frère*
fraschel, -schla	*fragile*
frastga *f*	*branche*
frestg, -a	*frais, fraîche*
frestgera *f*	*réfrigérateur*
frida *f*	*coup*
frisunz *m*	*coiffeur*
fritg *m*, fritga *coll*	*fruit*
frunt *m*	*front*
fund *m*	*fond, sol*
funeral *m*	*enterrement*
funiculara *f*	*funiculaire*
funs *m*	*sol, terrain*
funtauna *f*	*fontaine, source*
furma *f*	*forme*
furn *m*	*four*
furnaria *f*	*boulangerie*
furnel *m*	*four, fourneau*
furnir	*fournir, livrer*
furtgetta *f*	*fourchette*
futur *(m)*	*futur ; le futur*

G

garascha *f*	*garage*
garnir	*garnir, décorer*
gartegiar	*réussir*
gartetg *m*	*hasard*
gas *m*	*gaz*
gasetta *f*	*journal*
gauta *f*	*joue*
gea	*oui*
gener *f/m*	*genre*
general, -a	*général, -e*
geniturs *mpl*	*parents*
gentar	*déjeuner*
gentil	*gentil, poli*
genziana *f*	*gentiane*
gia[1] *f invar.*	*fois*
gia[2]	*déjà*
gìa *f*	*violon*
giacca *f*	*veste, blouson*
giada *f*	*fois*
giaglina *f*	*poule, poulet*
giaglioffa *f*	*poche*
giargiatta *f*	*gorge*
giaschair	*être couché*
giast *m*	*hôte, invité, client*
giat *m*	*chat*
giavischar	*souhaiter*
gidar	*aider*
gieu *m*	*jeu*
gievgia *f*	*jeudi*
gimnasi *m*	*lycée*
gir *m*	*course, tour ; vitesse*
girada *f*	*tour, excursion*
giratori *m*	*rond-point*
gist	*exact, juste(ment)*
giu	*en bas, au-dessous*
ir giu	*descendre*
giuditgar	*juger*
giugar	*jouer*
giugaret *m*	*jouet*
giunscher	*lier*
giustia *f*	*justice*
giusut	*dessous, en bas*
giuven, -vna	*jeune*
giuventetgna *f*	*jeunesse*

giuvna *f* *mademoiselle*
givè *m* *épaule*
giz, -izza *pointu*
glatsch *m* *glace*
glatsch (viv) *m* *verglas*
glatscher *m* *glacier*
glieud *coll* *gens*
gliez *cela*
glina *f* *lune ; humeur*
glindesdi *m* *lundi*
glisch *f* *lampe, lumière*
gli̱schar *briller*
glischnar *glisser*
gli̱schur *f* *lumière*
glitta *f* *boue*
gluva *f* *épingle*
gnanc(a) *même pas*
gnieu *m* *nid*
granella *f* *grêle* f.
grascha *f* *engrais*
grass *gras*
grass *m* *graisse*
gratuit *gratuit*
gratular *féliciter*
graun *m* *grain*
gravant *grave, sérieux*
grazia *f* *grâce ; merci*
grev *grave, lourd, difficile*
grip *m*, grippa *coll* *rocher*
grisch, -i̱scha *gris, -e*
Gri̱schun *m* *les Grisons*
il – rumantsch *les Grisons romanches (région)*
gri̱schun, -a *grison, -ne*
gritta *f* *colère*
groma *f* *crème*
grond *grand, haut*
grondius *magnifique*
gross *gros, épais*
grotta *f* *grotte*
gruppa *f* *groupe, équipe*
guaffen *m* *outil ; machin*
guant *m* *gant*
guardar *regarder, voir*
far guardia *garder*
guardian *m* *gardien*
guarir *guérir*
guaud *m* *forêt, bois*
gudagnar *gagner ; vaincre*
guegl *m* *pointe*
guerra *f* *guerre*
gugent *volontiers*
avair gugent *désirer*
gughegiar *oser*
guglia *f* *aiguille*
guid *m* *guide (homme)*
guidar *guider, conduire*
guisa *f* *manière, façon, guise*
gula *f* *gorge, gosier*
guliv, -a *droit, plat*
guntgir *éviter*
gust *m* *goût*
gustar *goûter, essayer*
gut *m* *goutte*
gutta *f* *clou*
guvern *m* *gouvernement*

H

halla *f* *hall(e), salle*
hotel *m* *hôtel*

I

i, igl *il, ce, ça*
idea *f* *idée, opinion*
ieli *m* *huile, pétrole*
ier *hier*
iert *m* *jardin potager*
igl voir : i, igl
illuminar *éclairer*
imaginar *imaginer*
immediat *tout de suite, aussitôt*
impedir *empêcher*
impegnar *engager*
impiegà *employé*
implant *m* *usine, installation*

imposta *f*	*impôt*
impunder	*employer, utiliser*
impurtant	*important*
impussibel	*impossible*
in, ina	*un, une*
in l'auter	*l'un l'autre*
incap *m*	*panne*
incendi *m*	*incendie*
inclinar	*pencher*
incumbensa *f*	*ordre, mission*
indesch	*onze*
inditgar	*indiquer*
industria *f*	*industrie*
infurmar	*informer, renseigner*
inimi *m*	*ennemi*
inoltrar	*présenter*
inqual	*quelque, plus d'un*
inqualgia(da)	*quelquefois*
ins	*on*
insanua	*quelque part*
insaquants	*quelques*
insatge	*quelque chose*
insatgi	*quelqu'un*
inschignaivel	*adroit*
inschigner *m*	*ingénieur*
inscuntrar	*rencontrer*
insect *m*	*insecte*
insla *f*	*île*
installar	*installer*
instrucziun *f*	*instruction, enseignement*
instruir	*instruire, enseigner*
insumma betg	*pas du tout*
intelletg *m*	*intelligence, raison*
intelligent	*intelligent*
intelligenza *f*	*intelligence*
intent *m*	*intention*
intenziun *f*	*intention*
interessant	*intéressant*
interiur	*intérieur*
intgins	*quelques*

ir	*aller*
ir (en)si	*monter*
ir davent	*partir*
ir en	*entrer*
ir or(a)	*sortir*
isanza *f*	*usage, coutume*
isar	*user*
isch *m*	*porte, huis*
isegl *m*	*outil*
istorgia *f*	*histoire*
iva *f*	*raisin*

J

jau	*je, moi*

K

kilo(gram) *m*	*kilo(gramme)*
kilometer *m*	*kilomètre*
kino *m*	*cinéma*

L

là	*là*
là giu	*là-bas*
là si	*là-haut*
lad, -a	*large*
ladernitsch *m*	*vol, larcin*
ladim *m*	*engrais*
lai *m*	*lac*
lain *m*	*bois (matière)*
lamentar	*se plaindre*
lampa *f*	*lampe*
lartg, largia	*large*
laschar	*laisser*
latg *m*	*lait*
launa *f*	*laine*
lautga *f*	*balcon*
lavabo *m*	*lavabo*
lavandin *m*	*lavabo*
lavar	*laver*
lavar giu	*faire la vaisselle*
lavina *f*	*avalanche*
lavur *f*	*travail*
lavurar	*travailler, agir*

lavuratori *m*	*atelier*
lavurer *m*	*ouvrier, travailleur*
lecziun *f*	*leçon*
led, -a	*content, joyeux*
lef *m*	*lèvre*
leger	*lire*
(al)legher	*gai, joyeux, amusant*
(al)legherment *m*, **-grezza** *f*, **-gria** *f*	*joie*
legums *mpl*	*légumes*
lenziel *m*	*drap, toile*
lescha *f*	*loi*
letg *m*	*lit*
ir en letg	*se coucher*
lètg *f*	*mariage*
letra *f*	*lettre (caractère)*
lev, -a	*léger, facile*
levar	*se lever*
lez, -zza	*ce, cet, cette*
liar	*attacher, lier*
liber, -bra	*libre, vide*
libertad *f*	*liberté*
lieu *m*	*lieu, endroit*
lieunga *f*	*langue (organe)*
liger, -a	*léger, volage*
limit *m*	*limite*
lingia *f*	*ligne*
lingua *f*	*langue, idiome*
linguatg *m*	*langage, langue*
liter *m*	*litre*
livel *m*	*niveau*
local *m*	*local, pièce*
lom	*mou, tendre, doux*
loma *f*	*lame*
londervi	*y ; en train de*
losch, loscha	*fier, fière*
loschar	*loger*
lozza *f*	*boue*
luar	*fondre*
lubientscha *f*	*permission*
lubir	*permettre*
luentar	*fondre*
luf *m*	*loup*
luna *f*	*humeur*
lung, -a	*long ; longtemps*
lunsch	*loin*
lura, alura	*alors*
lutgar	*lutter*
luxus *m*	*luxe*

M

ma	*mais*
madir	*mûr*
magher, -gra	*maigre*
magiel *m*	*verre (à boire)*
magister *m*	*instituteur, professeur, maître*
magnific	*magnifique*
mai[1]	*(à) moi*
mai[2] **(na –)**	*(ne) jamais*
mail *m*, **maila** *f*	*pomme*
main	*moins*
mais *m*	*mois*
maisa *f*	*table*
maister *m*	*maître*
mal, -a	*mauvais, méchant*
mal *m*	*mal, douleur*
star mal	*regretter*
malaura *f*	*tempête*
malegiar	*peindre*
maletg *m*	*tableau, image*
malgrà	*malgré*
malign	*méchant*
malizius	*malicieux, fin*
malnet, -tta	*sale*
malsaun	*malade*
malsogna *f*	*maladie*
mamma *f*	*mère, maman*
manar	*amener, conduire*
manc(hent)ar	*manquer (de)*
mandura *f*	*tenue, uniforme*
manegiar	*croire, penser*
manetsch(a) *m(f)*	*poignée (porte)*
mangiar	*manger*
mangola *f*	*coton*
maniera *f*	*manière, façon*

maniglia *f*	*poignée (porte)*
manischar	*conduire, rouler*
mantè *m*	*manteau*
mantun *m*	*tas, pile*
manzegna *f*	*mensonge*
dir manzegnas	*mentir*
mar *f (m)*	*mer*
marca *f* (postala)	*timbre*
mardi *m*	*mardi*
marenda *f*	*casse-croûte, goûter*
maridaglia *f*	*mariage*
maridar	*se marier*
mars *m*	*mars*
marschar	*marcher*
martè *m*	*marteau*
martgà *m*	*marché, commerce*
martgadant *m*	*marchand*
marvegl	*tôt, matinal*
maschina *f*	*machine*
mastergn *m*	*métier*
mastergnanza *f*	*métier*
mat *m*, mattet *m*	*garçon*
matg *m*	*mai*
matratscha *f*	*matelas*
matrimoni *m*	*mariage*
matta *f*	*fille*
maun *m*	*main*
mazzar	*tuer*
mecanist *m*	*mécanicien*
med *m*	*le moyen*
medegiar	*guérir*
medem, -a	*même, pareil*
medi[1] *m*	*médecin*
medi[2], -a	*moyen, du milieu*
media *f*	*le moyen, la moyenne*
medicament *m*	*médicament*
medischina *f*	*médecine*
meglier, -glra	*meilleur, mieux*
mellen, -elna	*jaune*
member *m*	*membre*
memia	*trop*
menda *f*	*défaut*
mender, -dra	*moindre, pire*
menu *m*	*menu*
mes	*mon, mes* m.
mesadad *f*	*moitié*
mesanotg *f*	*minuit*
mesaun	*moyen, -nne*
mesemna *f*	*mercredi*
mesira *f*	*mesure*
mesirar	*mesurer*
messagi *m*	*message*
metal *m*	*métal*
meter *m*	*mètre*
metter	*mettre*
metter davent	*enlever*
metter enavos	*remettre, ranger*
sa metter giu	*se coucher*
metter si	*poser*
metter vi	*tuer, exécuter*
mez[1] *m*	*milieu*
mez[2] *m*, mesa *f*	*demi, -e*
mezdi *m*	*midi ; sud*
mia	*ma, mienne*
midar	*(é)changer*
mieu	*mien*
milli	*mille*
milliun *m*	*million*
minim(al)	*le moindre*
mintga *invar.*	*chaque, tout*
mintgatant	*parfois, quelquefois*
mintgin, -a	*chacun, chaque*
mintun *m*	*menton*
minuta *f*	*minute*
mir *m*	*mur*
mira *f*	*but*
miradur *m*	*maçon*
mirveglius	*merveilleux; curieux*
mit, -itta	*muet*
mitschar	*s'enfuir, se sauver*
mo	*seulement, ne... que*
mobiglia *f*	*meuble*
moda *f*	*manière, façon,*

	mode f.
modern	*moderne*
mongia *f*	*manche* f.
moni *m*	*manche* m.
montar	*monter, assembler*
morder	*mordre*
mort *f*	*mort* f.
mort, -a	*mort, -e*
motor *m*	*moteur*
motorin *m*	*motocyclette*
mover	*bouger, remuer*
moviment *m*	*mouvement, geste*
muaglia *f*	*bétail, troupeau*
mulestar	*gêner, déranger*
mument *m*	*moment, instant*
munaida *f*	*monnaie*
mund *m*	*monde*
munt *f*	*mont, montagne*
muntanella *f*	*marmotte*
muntar	*monter*
muntogna *f*	*montagne*
murir	*mourir*
museum *m*	*musée*
musica *f*	*musique*
mussar	*montrer, présenter, enseigner*
sa mussar	*se montrer, paraître*
mussavia *f*	*guide (livre)*
mustga *f*	*mouche*
(sa) muventar	*bouger, remuer*

N

na	*non, ne (pas)*
na/n'… betg	*ne... pas*
na (betg) pli	*ne...plus*
na… nagut	*ne...rien*
Nadal *m*	*Noël*
nagin, -a	*aucun, nul, personne*
nagliur	*nulle part*
nagut *(m)*	*rien ; néant*
nair, -a	*noir*
naiv *f*	*neige*
– da pulvra	*– poudreuse*
– lomitscha	*– fondante*
– marscha	*– fondante*
naiver	*neiger*
nar, narra	*fou, folle*
nas *m*	*nez*
nascher	*naître*
naschientscha *f*	*naissance*
nat, naschì	*né*
natel *m*	*téléphone mobile*
natiers	*près (de)*
natira *f*	*nature*
natiral	*naturel*
natiralmain	*évidemment*
nausch	*mauvais, méchant*
navada *f*	*chute de neige*
navaglia *f*	*chute de neige*
navair ?	*n'est-ce pas ?*
naziun *f*	*nation*
naziunal	*national*
necessari	*nécessaire*
negozi *m*	*commerce, magasin, négoce*
negoziant *m*	*marchand*
net, -etta	*net, propre*
nettegiar	*nettoyer*
nev *m*	*neveu*
nezza *f*	*nièce*
ni… ni	*ni...ni*
niv, -a	*nu*
nivel[1] *m*	*niveau*
nivel[2] *m*	*nuage*
niz *m*	*avantage*
nizza *f*	*lame*
nizzaivel, -vla	*utile*
nizzegiar	*servir, profiter*
noda *f*	*signe, indice*
nominar	*nommer, choisir*
non *m*	*grand-père*
nona *f*	*grand-mère*
nord *m*	*nord*
normal	*normal*

noss, -a(s)	*notre/nôtre, nos*
nota *f*	*note*
notg *f*	*nuit*
nov[1]	*neuf (9)*
nov[2], -a	*neuf, nouveau*
nova *f*, **novella** *f*	*nouvelle*
november *m*	*novembre*
nua ?	*où ?*
nua che	*où, là où*
nudar	*nager*
nuf *m*	*nœud*
nulla *f*	*zéro*
num *m*	*nom*
num da famiglia	*nom de famille*
avair num	*s'appeler*
numer *m*	*numéro*
numerus	*nombreux*
numnar	*nommer, appeler*
nun	*ne, ne pas*
nun(en)conuschent	*inconnu*
nunpussaivel	*impossible*
nursa *f*	*brebis, mouton*
nus	*nous*
nutrir	*nourrir*

O

obedir	*obéir*
object *m*	*objet*
obligar	*obliger*
obtegnair	*obtenir*
occasiun *f*	*occasion*
occident	*ouest, occident*
occupar	*occuper*
october *m*	*octobre*
odur *f*	*odeur*
odurar	*sentir (nez)*
offrir	*offrir*
omadu(a)s	*tous les deux*
onda *f*	*tante*
onest	*honnête*
onn *m*	*an, année*
onur *f*	*honneur*
operaziun *f*	*opération*
opiniun *f*	*opinion*
or da	*de, hors de*
or(a)	*hors de*
oranscha *f*	*orange*
orcan *m*	*tempête*
ord	*hors de*
ordinar	*ordonner, ranger, commander*
ordinari	*ordinaire*
ordra *f*	*ordre (command.)*
ordvart	*très*
organisar	*organiser*
orient *m*	*est, orient*
origin *m*	*origine*
orribel	*horrible*
osp *m*	*hôte, hôtelier*
ospital *m*	*hôpital*
oss *m*, **ossa** *coll*	*os*
ost *m*	*est, orient*
otg	*huit*
ov *m*	*œuf*
ovra *f*	*œuvre*
oz, ozendi	*aujourd'hui*

P

pac, pachet *m*	*paquet*
padella *f*	*poêle, casserole*
pagina *f*	*page*
pail *m*	*poil*
paina *f*	*peine*
paintg *m*	*beurre*
pais *m*, **paisa** *f*	*poids*
paja *f*	*salaire*
pajais *m*	*pays*
pajament *m*	*paiement*
pajar	*payer*
pala *f*	*pelle*
palantschieu *m*	*plancher, sol*
– sur(a) *m*	*plafond*
paletscha *f*	*pelure, écorce*
palpiri *m*	*papier*
papà *m*	*papa, père*
paraid-crap *f*	*falaise*

parair	*sembler, paraître*
parairi *m*	*avis, opinion*
parc *m*	*parc*
parcadi *m*	*parking*
parent *m*	*parent, apparenté*
part *f*	*part, partie*
far part da	*participer*
prender part a/da	*prendre part à, participer*
partenza *f*	*départ*
participar	*participer*
particular	*particulier*
partida *f*	*partie*
partir	*partir*
pasar	*peser*
Pasca *f*	*Pâques*
pasch *f*	*paix*
pass *m*	*pas*
passadi *m*	*passage (lieu)*
passagi *m*	*passage*
passape *m*	*trottoir*
passaport *m*	*passeport*
passar	*(se) passer*
passentar	*passer*
past *m*	*repas*
pasta *f*	*pâte*
pastas *fpl*	*pâtes*
pastenaria *f*	*boulangerie*
pastg *m*	*pâturage, herbe*
patir	*souffrir, pâtir*
patratg *m*	*pensée, idée*
patratgar	*penser, réfléchir*
patrun *m*	*maître, patron*
in pau	*un peu*
pauc	*peu*
paun *m*	*pain*
pauper	*pauvre*
paus *m*	*repos*
pe *m*	*pied* ; a – *à pied*
sin/en pe	*debout*
peda *f*	*laps de temps*
pel *f*	*peau, pelage*
pelvair(a)	*vraiment*
pender	*pendre*
pender si	*accrocher à*
pendiculara *f*	*téléphérique*
penibel	*pénible*
penna *f*	*plume*
pensar	*penser*
pensiun *f*	*pension, retraite*
pensum *m*	*devoir, tâche*
per	*par, pour, afin de*
per che	*pour/afin que*
pèr *m*, pèra *coll*	*paire*
in pèr	*quelque(s)*
percepir	*apercevoir*
percorscher	*remarquer*
perder	*perdre*
perdert	*intelligent, avisé*
perdertadad *f*	*intelligence, bon sens*
perdita *f*	*perte, dommage*
perdiziun *f*	*perdition, ruine*
perdun(ament) *m*	*pardon*
perfetg	*parfait*
perfin	*même* (adv.)
permetter	*permettre*
permiss *m*	*permis*
permissiun *f*	*permission*
però	*mais, pourtant, toutefois*
perquai che	*parce que, puisque*
perrun *m*	*quai (de gare)*
persic *m*	*pêche (fruit)*
perstgisar	*excuser*
persuna *f*	*la personne*
persunal *m*	*personnel*
pertge	*pourquoi*
pertge che	*car* conj.
pertgirar	*soigner, garder, surveiller*
pertutgar	*toucher*
pesant	*lourd*
pesch *m*	*poisson*
pestgar	*pêcher* v.

petgen *m*	*peigne*
petgnar	*peigner*
petroli *m*	*pétrole*
petta *f*	*gâteau*
pèz *m*	*poitrine, sein(s)*
pia	*donc, par conséquent*
pichel *m*	*bec*
pictura *f*	*peinture, tableau*
picturar	*peindre*
pievel *m*	*peuple*
pign *m*	*épicéa, sapin*
pinà	*prêt*
pinar	*préparer*
pir[1], **-a**	*pire, pis*
pir[2]	*pas avant, seulement*
pirla *f*	*pilule, bouton*
pitgar	*frapper, battre*
pitschen, -schna	*petit*
piz *m*	*pointe, sommet*
piztgar	*piquer*
pizza *coll*	*montagne*
plain, -a	*plein*
plaja *f*	*plaie, blessure*
planira *f*	*plaine*
planiv, -a	*plat, platte*
planscher	*se plaindre*
planta *f*	*arbre, plante*
plantar	*planter*
plaschair[1]	*plaire*
plaschair[2] *m*	*plaisir*
fa plaschair !	*enchanté !*
per plaschair	*s'il te/vous plaît*
plaschaivel	*agréable, aimable*
plat[1], **-atta**	*plat, platte*
plat[2] *m*	*assiette*
platta *f*	*disque*
plaun[1], **-a**	*lent(ement)*
plaun[2] *m*	*plaine ; étage*
plaunterren *m*	*rez-de-chaussée*
plaz *m*	*place, siège*
plazza *f*	*place, lieu*
plazzar	*placer*
pled *m*	*mot, parole*
plegar	*plier, envelopper*
plevon	*curé*
pli, dapli	*plus*
na...(betg) pli	*ne... plus*
pli bler	*davantage*
pli(r)s *m*, **-ras** *f*	*plusieurs*
plievgia *f*	*pluie*
plima *f*	*plume, couette, édredon*
plimatsch *m*	*coussin, oreiller*
plitgunsch	*plutôt*
plitost	*plutôt*
plover	*pleuvoir*
pluna *f*	*tas, pile, foule*
po dar/esser	*peut-être*
poesia *f*	*poésie, poème*
policist *m*	*agent de police*
politica *f*	*politique* f.
polizia *f*	*police*
polluziun *f*	*pollution*
ponderar	*penser, réfléchir*
ponn *m*	*tissu, étoffe*
ponn *m* **da letg**	*drap*
pop *m*	*bébé, nourrisson*
porscher	*offrir, présenter, remettre*
port *m*	*port*
porta *f*	*porte*
portafegl *m*	*portefeuille*
portg *m*	*porc, cochon*
posseder	*posséder*
post *m*	*lieu, place, poste, endroit*
posta *f*	*poste* f.
postar	*placer, poser*
postin / pot *m*	*facteur*
pover, -vra	*pauvre*
prada *f*	*prairie*
pratic, -a	*pratique*
pratica *f*	*pratique, exercice, cabinet (médecin)*
precaut	*prudent*
precipizi *m*	*précipice*

precis	*précis ; justement*
preferir	*préférer*
preleger	*lire*
premura *f*	*soin*
prender	*prendre*
prender a fit	*louer auprès*
prender cun sai	*emmener*
prender enavos	*reprendre*
prender giu	*cueillir, enlever*
prender si	*ramasser*
prenum *m*	*prénom*
preparar	*préparer*
prer	*curé*
far prescha	*se dépêcher*
preschant	*pressé, pressant*
preschent	*présent*
preschentar	*présenter*
pressapauc	*environ*
prest	*bientôt*
pretsch *m*	*prix*
preziar	*apprécier*
prezius	*précieux*
prim	*premier*
primavaira *f*	*printemps*
principal	*principal*
privat	*privé*
privel *m*	*danger*
privlus	*dangereux*
problem *m*	*problème*
producir	*produire*
product *m*	*produit*
professer *m*	*professeur*
professiun *f*	*profession, métier*
profitar	*profiter*
profund	*profond*
program *m*	*programme*
progress *m*	*progrès*
pront	*prêt*
pronunziar	*prononcer*
propi	*vraiment*
propri, -ia	*propre, à soi*
proprietari *m*	*propriétaire*
proseguir	*continuer, poursuivre*
proteger	*protéger*
proveder	*prévoir, pourvoir*
provisiun *f*	*provision*
proxim, -a	*proche, prochain*
prudent	*prudent*
prugina *f*	*gel, gelée, givre*
pruir	*germer, pousser*
prus, -a	*doux, gentil*
pruvar	*essayer*
public	*public*
pudair	*pouvoir* v.
pugn *m*	*poing*
pulit	*gentil, honnête*
pulpa *f*	*viande des Grisons*
pultruna *f*	*fauteuil*
pulvra *f*	*poussière, poudre*
puma *coll*	*fruits*
punct *m*	*point*
punir	*punir*
punscher	*piquer*
punt *m*	*pont*
puntg *m* da vista	*point de vue*
pur *m*	*paysan*
purtar	*porter*
purtar davent	*emporter*
purtret *m*	*image, portrait*
pusar	*poser, appuyer*
puschmaun	*après-demain*
puspè	*de nouveau*
pussaivel, -vla	*possible*
pussaivladad *f*	*possibilité*
pussanza *f*	*pouvoir, puissance*
pussar	*se reposer*
pustar	*commander, passer commande*

Q

qua	*ici, là*
qua (è/èn)	*voici*
quader *m*	*peinture*
quader, quadrat	*carré*
quai	*ceci, cela, ça*

da quai	*en* adv.
quaida *f*	*envie*
qual	*quel*
il qual	*lequel*
qualitad *f*	*qualité*
quant	*combien*
quantitad *f*	*quantité*
quart *m*	*quart, quatrième*
quartier *m*	*quartier*
quasi	*presque*
quatter	*quatre*
quel, -lla	*ce, cet, cette*
quest	*ceci*
quest, -a	*ce, cet, cette*
questiun *f*	*question*
quiet	*calme, tranquille*
quindesch	*quinze*
quint *m*	*compte*
quintar	*compter*
quità *m*	*soin, souci*
quotidian	*quotidien*

R

racoglier	*recueillir, récolter*
racolta *f*	*récolte*
racoltar	*récolter*
radi *m*	*rayon*
radio *m*	*radio*
radunar	*réunir*
radund, -a	*rond ; environ*
raffar	*voler, dérober*
ragisch *f*	*racine*
rait *f*	*filet, réseau*
raiver	*grimper*
ramassar	*ramasser*
ramur *f*	*bruit*
randulina *f*	*hirondelle*
rap *m*	*centime, sou*
rapina *f*	*vol, rapine*
rapinar	*voler, dérober*
raquintar	*raconter*
rar	*rare*
raschieni *m*	*conversation*
raschun *f*	*raison*
rassa *f*	*jupe, robe*
rauc, -a	*enroué*
ravgia *f*	*rage, colère*
recent	*récent ; épicé*
reclamar	*réclamer*
refar	*refaire*
reflectar	*réfléchir; refléter*
refugi *m*	*refuge*
refusar	*refuser*
regal *m*	*cadeau*
regalar	*offrir*
registrar	*enregistrer*
regiun *f*	*région*
reglar	*régler*
reguardar	*concerner, regarder*
sa regurdar	*se rappeler, se souvenir*
relaschar	*laisser, renvoyer*
religiun *f*	*religion*
religius	*religieux*
remartgabel	*remarquable*
remartgar	*remarquer, s'apercevoir*
remedi *m*	*remède, médicament*
remetter	*remettre*
dal reminent	*d'ailleurs*
remplazzar	*remplacer*
renconuscher	*reconnaître*
render	*rendre*
render quint	*rendre compte*
renta *f*	*rente, retraite*
rentar	*attacher, nouer*
reparar	*réparer, dépanner*
reparatura *f*	*réparation*
reparter	*partager, répartir*
repaus *m*	*repos*
repeter	*répéter*
replitgar	*répondre, répliquer*
resalvar	*réserver*
resentir	*sentir, ressentir*

reservar *réserver*
resgia *f* *scie*
respectar *respecter*
respirar *respirer*
resposta *f* *réponse*
respunder *répondre*
rest *m* *reste*
restar *rester*
restaurant *m* *restaurant*
resti *m* *linge, lingerie*
resultat *m* *résultat*
resun *m* *écho*
Ret *m* *Rhète*
retard *m* *retard*
retic *rhétique*
retorumantsch *rhéto-roman*
retrair *retirer*
retscha *f* *rangée, série, suite*
retschaiver *recevoir, accueillir*
return *m* *retour*
returnar *retourner*
reunir *réunir*
reussir *réussir*
a revair *au revoir*
revegnir *revenir*
Rezia *f* *Rhétie*
rimnar *rassembler, ramasser*
rir *m/v* *rire*
ris *m* *riz*
rispli *m* *crayon*
ristgar *risquer, oser*
ritg *riche*
rivar *arriver*
roda *f* *roue ; suite*
rolla *f* *rôle*
rom(in) *m* *branche, rameau*
roman *roman*
romand *romand*
Svizra romanda *Suisse romande*
rosa *f* *rose*
ruassar *se reposer*
rudlar *rouler*
rugalar *régler*
rugar *demander, prier*
ruier *ronger, mordre*
ruina *f* *ruine*
rumagnair *demeurer, rester*
rumantsch, -a *romanche*
Rumantschia *f* *Pays romanche*
rument *m* *ordures, déchet*
rumir *enlever, débarrasser*
rumper *casser, rompre*
runal *m* *remonte-pente, téléski*
ruschnar *glisser, ramper*
rusna *f* *trou*

S

sa *se*
sadella *f* *seau*
sadella *f* da rument *poubelle*
sagiar *essayer, goûter*
sai *soi*
said *f* *soif*
sain *m* *sein, poitrine*
saira *f* *soir*
sal *m* *sel*
sala *f* *salle*
salari *m* *salaire*
salata *f* *salade*
salidar *saluer*
salin *f* *blé*
metter en salv *garder*
salvar *sauver*
sa salvar *se sauver, s'enfuir*
salvavita *m* *sauveteur*
sanadad *f* *santé*
sanadaivel *sain, bon pour la santé*
sanester, -stra *(à) gauche*
sang *m* *sang*
santeri *m* *cimetière*
sasez(za) *soi-même*
satg *m* *sac*

satigl	*mince, fin, étroit*
saun	*sain, en bonne santé*
saut *m*	*danse, bal*
sautar	*danser*
savair *m/v*	*savoir* m/v
savens	*souvent*
savida *f*	*connaissance, savoir, sagesse*
savun *m*	*savon*
savur *f*	*odeur*
savurar	*sentir (nez)*
sbagl *m*	*erreur, faute*
sa sbagliar	*se tromper*
sbassar	*(a)baisser*
sa sbassar	*se pencher*
sbiagliar	*manquer, confondre*
sbragir	*crier, hurler*
sbursar	*payer, verser*
scadin, -a	*chacun, chaque*
scadiola *f*	*tasse*
scalinar	*sonner*
scappar	*s'échapper*
scars̲ola *f*	*luge*
scena *f*	*scène*
schabetg *m*	*événement, hasard*
schal *m*	*écharpe, châle*
s̲chambun *m*	*jambon*
s̲chaner *m*	*janvier*
s̲chani *m*	*type*
s̲chanugl *m*	*genou*
schanza[1] *f*	*tremplin (ski)*
schanza[2] *f*	*chance*
sche	*si, à condition*
schebain che	*quoique, bien que, même si*
schec *m*	*chèque*
schef *m*	*chef*
schegea che	*quoique, même si*
s̲chelada *f*	*gel, gelée*
s̲chelar	*geler*
s̲chelira *f*	*gel, gelée*
s̲chember *m*	*pin cembro*

s̲chender *m*	*gendre*
schientscha *f*	*connaissance*
schizunt	*même* adv.
schlatta *f*	*nom de famille*
schliar	*délier, résoudre*
schliaziun *f*	*solution*
schlieusa *f*	*traîneau, luge*
schlitra/schlitta *f*	*traîneau à cheval*
s̲chuber, -bra	*propre, net*
s̲chubregiar	*nettoyer*
schuldà *m*	*soldat*
s̲chumellin	*jumeau*
s̲chuppa *f*	*soupe, potage*
scienza *f*	*science*
scleriment *m*	*explication, renseignement*
sclerir	*éclairer*
sco che	*comme*
sco	*comme, comment*
scola *f*	*école*
scolar	*élève, écolier*
scolast *m*	*instituteur, maître, professeur*
scorsa *f*	*écorce*
scort	*intelligent, avisé sage, doué*
scratgar	*cracher*
scrinari *m*	*menuisier*
scriver	*écrire*
scuar	*balayer*
scuntrar	*rencontrer*
scurlattar	*secouer*
secret *m*	*toilettes, w.-c.*
segir, -a	*sûr*
segirar	*assurer*
segn *m*	*signe*
segnar	*(dé)signer, dessiner*
segund[1]	*second, deuxième*
segund[2]	*d'après, selon*
selvadi	*sauvage, féroce*
sem *m*	*grain(e), semence*
semnar	*semer*

semper	*toujours*
semtgà, -ada	*prêt*
semtgar	*préparer*
senda *f*	*sentier*
senn *m*	*sens, sensation*
sentenziar	*condamner, juger*
sentir	*sentir, ressentir*
sentupar	*rencontrer*
senza	*sans*
sepultura *f*	*obsèques*
sequent, -a	*suivant, -e*
seria *f*	*série, suite*
serius	*sérieux*
serp *f*	*serpent*
serrar	*fermer (à clé)*
servetsch *m*	*service*
servir	*servir*
sa servir (da)	*se servir (de)*
ses	*son, ses* m.
seser	*être assis*
set	*sept*
setg	*sec, aride*
setgar	*sécher, se dessécher*
setgentar	*(faire) sécher*
settember *m*	*septembre*
sfendaglia *f*	*crevasse, fente*
sfessa *f*	*crevasse, fente*
sforz *m*	*effort*
sfratgar	*(se) casser, briser, craquer*
sfruschar	*frotter, essuyer*
sgarschur *f*	*effroi, horreur*
sgiamiar	*se moquer*
sgol *m*	*vol (airs)*
sguard *m*	*regard*
sgular	*voler, planer*
si	*sur, dessus, en haut*
sia	*sa, sienne*
sid *m*	*sud*
siemi *m*	*rêve, songe*
(sa) siemiar	*rêver*
sien *m/f*	*sommeil*
sientamauns *m*	*serviette, essuie-main*
sientar	*essuyer, sécher*
sieu	*sien*
siglir	*sauter*
signatura *f*	*signature*
signur *m*	*monsieur*
signura *f*	*dame, madame*
silenzi *m*	*silence*
simpel, -pla	*simple*
sin	*à, sur*
sindicat *m*	*syndicat*
singul	*seul*
sis	*six*
sisur(a)	*dessus, en haut*
sitg	*sec*
situaziun *f*	*situation*
ski *m*	*ski*
ir cun skis	*skier*
smatgar	*presser, écraser*
smover	*enlever*
snuaivel	*affreux, terrible*
socca *f*	*chaussette*
social	*social*
societad *f*	*société*
sola *f*	*semelle*
solid	*solide*
soluziun *f*	*solution*
sonda *f*	*samedi*
sor(a) *f*	*sœur*
sort *f*	*sorte, espèce*
sortida *f*	*sortie*
sortir	*sortir*
sosa *f*	*sauce, bouillon*
spargnar	*épargner*
spartir	*décéder, mourir*
spass *m*	*plaisanterie*
spassegiada *f*	*promenade, randonnée, excursion*
spassegiar	*se promener*
spatla *f*	*épaule*
spazi *m*	*espace*
spedir	*envoyer, expédier*
spelm *m*	*rocher*

spender *dépenser*
spendrar *sauver*
sper *près, à côté de*
sperar *espérer*
spert *rapide ; vite*
spertadad/spertezza *f* *vitesse*
spesas *fpl* *frais, dépenses*
spess *épais, dense*
spetgar *attendre*
spezia *f* *espèce, sorte*
spezial *spécial*
spidar *cracher*
spiert *m* *esprit*
spina[1] *f* *épine*
spina[2] *f* (d'aua) *robinet*
spisgentar *nourrir*
spital *m* *hôpital*
spitg *m* *sommet*
spluntar *frapper, cogner*
sponder *renverser, vider*
sport *m* *sport*
spunda *f* *pente ; rampe*
spurtegl *m* *guichet*
squadra *f* *équipe*
squitschar *presser, imprimer*
stabel *stable, durable*
stabil *stable, solide*
stad *f* *été* m.
stadi *m* *état*
stagiun *f* *saison*
staila *f* *étoile*
stailalva *f* *edelweiss*
stampar *imprimer*
stanchel, -cla *fatigué, épuisé*
stanza *f* *pièce, chambre*
stanza da mangiar *salle à manger*
star *être, se tenir (debout), se trouver, rester, habiter*
star mal *regretter, être désolé*
star si *se lever*
starmentus *terrible, énorme*
stausch *m* *coup, heurt*
staziun *f* *gare, station*
stemprà *m* *tempête, orage*
stender *tendre, étirer*
stenta *f* *peine, effort*
stentus *pénible, fatigant*
stersas *avant-hier*
stgadella *f* *plat, assiette*
stgaffa *f* *armoire*
stgaffir *créer, former*
stgaina *f* *tricot*
stgala *f* *escalier, échelle*
stgalim *m* *marche, échelon*
stgamiar *(é)changer*
stgargiar *décharger*
stgarpar *déchirer*
stgars *rare, maigre*
stgatla *f* *boîte*
stgaudament *m* *chauffage*
stgaudar *(ré)chauffer*
stgavar *creuser, fouiller*
stgir *sombre, obscur, foncé*
stgisar *excuser*
stidar *éteindre*
stilo(graf) *m* *stylo*
stimar *apprécier, évaluer, estimer*
stirar *repasser (linge)*
stiva *f* *salon, séjour*
stizun *f* *boutique*
stizzar *éteindre*
storscher *plier, tordre*
storta *f* *virage, tournant*
strada *f* *route, rue, voie*
stradun *m* *route, voie*
strair *traîner, tirer*
strenscher *serrer, éteindre*
stretg, -a *étroit*
strom *m* *paille*
struca *f* *rhume*
strusch *guère, à peine*
struva *f* *vis*
stuair *devoir, falloir, être obligé*

studegiar	*étudier, réfléchir*
student *m*	*étudiant*
studi *m*	*étude*
stumbel *m*	*paille, fétu*
stumplar	*pousser, heurter*
stupent	*excellent, magnifique*
sturn	*ivre ; fou ; pris de vertige*
sturnir	*assommer, tuer*
sturnizi *m*	*vertige*
stuschar	*pousser, heurter*
suandant	*suivant, -e*
suandar	*suivre*
subdit *m*	*sujet, vassal*
suc *m*	*jus, suc*
succeder	*se passer, se produire, survenir, avoir lieu*
successiun *f*	*succession, suite*
succurrer	*secourir*
succurs *m*	*secours, aide*
suenter	*après, puis, ensuite*
ir suenter	*suivre*
suentermezdi *m*	*après-midi*
suffel *m*	*souffle, vent*
suffrir	*souffrir, tolérer*
suga *f*	*corde*
sulegl *m*	*soleil*
suler *m*	*corridor, entrée*
sulet, -tta	*seul, unique*
sumbriva *f*	*ombre*
sumeglia *f*	*exemple, parabole*
sumegliant	*pareil, semblable*
sumegliar	*ressembler*
summa *f*	*somme* f.
sun *m*	*son, bruit*
sunar	*sonner, jouer d'un instrument*
superar	*surpasser, surmonter, vaincre*
superbi, -ia	*fier, orgueilleux*
superiur	*supérieur*
supponer	*supposer*
sur(a)	*(au-)dessus*
surchombras *m*	*grenier*
surd	*sourd*
surdar	*remettre*
surprender	*surprendre, étonner*
surrir *v/m*	*sourire* v./m.
surtut	*surtout*
survegliar	*surveiller*
survegnir	*recevoir, obtenir*
surventscher	*vaincre, surmonter*
sust *m*	*toit*
sut	*sous, au-dessous*
suten	*(là-)dessous*
sutga *f*	*chaise*
sutgera *f*	*télésiège*
suttascriver	*signer*
svapur *f*	*gaz d'échappem.*
svegliar	*(r)éveiller, inspirer*
svegliarin *m*	*réveil-matin*
svelt, -a	*agile, rapide*
sveltezza *f*	*vitesse, allure*
svetgir	*déshabiller*
svidar	*vider, verser*
sviluppar	*développer*
Svizra *f*	*Suisse (pays)*
svizzer, -izra	*suisse*

T

ta	*te*
tabella *f*	*tableau*
tadlar	*écouter*
tagliar	*tailler, couper*
tagliarins *mpl*	*pâtes, nouilles*
taglier *m*	*assiette*
tai	*toi*
taila *f*	*toile, tissu*
tal, -a	*tel*
talgia *f*	*tranche, escalope*
talmain	*si, tellement*
tant	*tant, autant, si*
tar	*auprès de, chez*
tard	*tard ; tardif*
tarpun *m*	*tapis*

tartuffel *m*	*pomme de terre*
taschair	*se taire*
tastga *f*	*cabas, sac*
tat *m*	*grand-père*
tat e tatta	*grands-parents*
tatgar	*coller*
tatona *f*	*cou, nuque*
tatta *f*	*grand-mère*
tavla *f*	*pancarte, tableau*
taxa *f*	*taxe*
taxi *m*	*taxi*
té nair *m*	*thé*
teater *m*	*théâtre*
tecnic, -a	*technique*
tegia *f* d'alp	*chalet*
tegnair	*tenir*
tegnairchasa *m*	*ménage*
telecabina *f*	*télécabine*
telefon *m*	*téléphone*
telefonar	*téléphoner*
televisiun *f*	*télévision*
tema *f*	*peur*
temp *m*	*temps (chron.)*
temperatura *f*	*température*
tenda *f*	*tente, voile*
tender	*tendre, étirer*
tener	*tendre* adj.
tenor	*selon*
tentar	*ennuyer, irriter*
tenuta *f*	*tenue, allure*
term *m*	*terme, mot, délai*
termagl *m*	*jouet*
termin *m*	*rendez-vous, délai*
terminar	*terminer, limiter*
terra *f*	*terre, sol, monde*
terratsch *m*	*terre*
terren *m*	*terrain, sol, terre*
terribel, -bla	*terrible*
terz *m*	*tiers ; troisième*
tes	*ton, tes* m.
testa *f*	*tête*
tetg *m*	*toit*
text *m*	*texte*
tge	*que, quoi*
tgenin, -a	*quel, lequel*
tgi	*qui*
tgira *f*	*soin, garde, entretien*
tgirar	*soigner, cultiver*
tgirom *m*	*cuir*
tgirunz, -a	*infirmier, -ière*
tgittar	*regarder*
tgunsch	*apprivoisé, facile*
ti	*tu, toi*
tia	*ta, tienne*
tieu[1] *m*	*pin sylvestre*
tieu[2]	*tien*
tievi, -ia	*tiède*
tip *m*	*type*
toc *m*, **tocca** *coll*	*bout, morceau, pièce*
toppa *f*	*patte*
torrent *m*	*torrent*
sa tractar (da)	*s'agir (de)*
tradiziun *f*	*tradition*
traglischar	*briller, luire*
trair	*tirer, jeter, lancer*
trair en	*habiller, mettre*
trair or	*enlever*
trair si	*élever*
trais, traia *coll*	*trois*
trametter	*envoyer*
translatar	*traduire*
transport *m*	*transport*
tranter	*entre, parmi*
tras	*par, à travers*
tratga *f*	*plat, mets ; trait*
traversar	*traverser, franchir*
tremblar	*trembler*
tren *m*	*train*
trenar	*s'entraîner*
trid	*laid, vilain*
triep *m*	*troupeau, groupe*
trist	*triste*
trottuar *m*	*trottoir*
truar	*juger, condamner*

trumpar *tromper*
trutg *m* *sentier*
tscha *là*
tschadun *m* *cuiller*
tschaina *f* *dîner (soir)*
tschaiver *m* *mardi gras, carnaval*
tschajera *f* *brouillard, brume*
tschaler *m* *cave, cellier*
tschanar *dîner, souper*
tschantschar *causer, parler*
tscharvè *m* *cerveau*
tschatta *f* *patte*
tschavera *f* *repas*
tschendra *f* *cendre*
tschentar *poser, mettre*
sa tschentar *s'asseoir*
tscherner *choisir*
tschert *certain(ement)*
tschertgar *(re)chercher*
tschessar *céder, reculer*
tschiel *m* *ciel*
tschient *cent*
tschientaner *m* *siècle*
tschierv *m* *cerf*
tschiffar *attraper, saisir*
tschigrun *m* *fromage blanc*
tschigulatta *f* *chocolat*
tschinta *f* *ceinture*
tschintg *cinq*
tschop *m* *jupe, robe, toge*
tschorv, -a *aveugle*
tschuf, -ffa *sale*
tschufragnar *(se) salir*
tschuncanta *cinquante*
tuaglia *f* *nappe, couverture*
tualetta *f* *toilettes, w.-c.*
tubac *m* *tabac*
tudestg *allemand*
tun *m* *son ; tonnerre*
tunnel *m* *tunnel*
tur[1] *f* *tour, château fort*
tur[2] *m* *tour, tournée*
tura *f* *tour, excursion*
turissem *m* *tourisme*
turist *m* *touriste*
turn *m* *tour* m.
turnar *(re)tourner, revenir*
turnentar *ramener, rendre*
turta *f* *gâteau, tarte*
tusser *tousser*
tut, -tta *tout, toute*
tutgar *toucher ; concerner*
tuts *tout le monde*
(dal) tuttafatg *tout à fait*
tuttavia *tout à fait*
tuttavia betg *pas du tout*
tuttenina *tout à coup, soudain*
tuttina *cependant, pourtant, quand même*

U

u, ubain *ou, ou bien*
ual *m* *ruisseau*
ubain *ou, ou bien*
uder *m* *tuyau*
udir *entendre*
uffant *m* *enfant*
uffizi *m* *bureau, office*
uffizial *officiel*
ultim *dernier*
ultra *à côté de*
um *m* *homme, mari*
uman *(m)* *(être) humain*
umid *humide*
umur *m* *humeur*
ungla *f* *ongle, sabot*
unic *unique*
universitad *f* *université*
ur *m* *bord, lisière, marge*
ura *f* *heure ; horloge*
ura (da bratsch) *montre*
urar *prier*
urden *m* *ordre, règlement*
ureglia *f* *oreille*
urella *f* *laps de temps*

urizi *m* — *orage*
urs *m* — *ours*
uschè — *aussi, tant, si*
uschè ditg che — *tant que*
uschespert che — *dès que*
uschia — *ainsi*
uschia che — *si bien que*
uschiglio — *sinon*
usit *m* — *habitude, usage*
uss(a) — *maintenant*
ussa (è/èn) — *voilà*
ustaria *f* — *restaurant, auberge*
ustrir — *griller*
util — *utile*
utilisar — *utiliser, employer*
utrò — *ailleurs*
utschè *m* — *oiseau*
uvestg *m* — *évêque*

V

vacanzas *fpl* — *vacances*
vadè *m* — *veau*
vagun *m* — *wagon*
vaider *m* — *verre, vitre*
vair — *vrai*
vairamain — *vraiment*
vaiv *m*, -a *f* — *veuf, veuve*
val *f* — *vallée*
valair — *valoir*
valisch(a) *f* — *valise*
valita *f*, valur *f* — *valeur*
vallada *f* — *vallée*
valuta *f* — *monnaie, valeur*
vanzar — *rester, être de reste*
vapur *f* — *vapeur*
var — *environ, à peu près*
vardad *f* — *vérité*
vardaivel — *vrai, honnête*
varsaquants — *quelques*
vart *f* — *côté, sens*
vaschella *f* — *vaisselle*
vatga *f* — *vache*

vegl, -ia[1] — *vieux, ancien*
veglia[2] *f* — *volonté, envie*
vegliadetgna *f* — *vieillesse, âge*
vegnir — *venir, devenir*

vegnir sin il mund — *naître, venir au monde*

velò *m* — *bicyclette, vélo*
vender — *vendre*
venderdi *m* — *vendredi*
vendider *m* — *vendeur*
vent *m* — *vent*
venter *m* — *ventre*
ventg — *vingt*
ventira *f* — *bonheur, chance*
per ventira — *heureusement*
ventiraivel — *heureux, comblé*
ventscher — *finir, terminer*
verd — *vert*
verdura *f* — *légumes*
verifitgar — *vérifier*
veritabel — *véritable*
vers — *vers, à*
vesair — *voir*
vesair or(a) — *paraître, avoir l'air*
vesida *f* — *vue (sens)*
vest *m* — *ouest*
vestgì *m* — *habit, tenue*
vestgids *mpl* — *vêtements*
vestgir — *habiller*
vi — *à, là, y*
vi là — *là-bas*
via *f* — *voie, chemin, route, rue*
viadi *m* — *voyage*
viagiar — *voyager*
viagiatur *m* — *voyageur*
vial *m* — *voie, passage*
victorisar — *vaincre*
vid, -a — *vide*
vidlonder — *y, à cela*
vierv *m* — *mot, parole*
vieuta *f* — *rotation, tour*

vigna *f*	*vigne, vignoble*
vigur *f*	*vigueur, force*
vigurus	*fort, vigoureux*
vin *m*	*vin*
vinavant	*en avant !*
ir vinavant	*continuer*
vischin, -a	*voisin, proche*
vischnanca *f*	*village, commune*
visita *f*	*visite*
visitar	*visiter, rendre visite*
vista *f*	*vue ; joue, visage*
vit *m*	*cep, vigne*
vita *f*	*vie*
vitg *m*	*village*
viv, vivent	*vivant, vif*
viva !	*à votre santé !*
vivant	*tout à l'heure, auparavant*
vivent, viv	*vivant*
viver	*vivre*
voluntad *f*	*volonté*
volver	*(re)tourner*
voss(a), Voss(a)	*votre, vôtre*
voss(as), Voss(as)	*vos, vôtres*
votar	*voter*
votaziun *f*	*vote, scrutin*
vulair	*vouloir*
vulair dir	*vouloir dire*
vulp *f*	*renard*
vus, Vus	*vous*
vusch *f*	*voix*
vuschar	*voter*

Z

zain *m*	*cloche*
zappunet *m*	*piolet*
zavrar	*trier, séparer*
zercladur *m*	*juin*
in zic(hel)	*un peu*
zona *f*	*zone*
zulprin *m*	*allumette*
zunt	*très*
zuppar	*cacher*
zuppentar	*dissimuler*
zutger *m*	*sucre*

Français - Romanche-grison

A

à	a(d), sin, vi
abeille	avieul *m*
d'abord	l'emprim
absent	absent
absolu	absolut, -a
accent	accent *m*
accepter	acceptar
accident	accident *m*
accompagner	(ac)cumpagnar
d'accord	d'accord
accrocher à	pender si
achat	cumpra *f*
acheter	cumprar
activité	activitad *f*
actuel	actual, -a
actuellement	dapres̲chent
admirer	admirar
adresse	adressa *f*
adroit	ins̲chignaivel
adulte	creschì, -ida
affaire	affar *m*
afin de	per ; – *que* per che
âge	vegliadetgna *f*
agent de police	policist *m*
agir	agir, lavurar
s'agir (de)	sa tractar (da)
agréable	plas̲chaivel
agricole	agricul
agriculture	agricultura *f*
aider	gidar
aigle	evla *f*
aiguille	guglia *f*
aile	ala *f*
ailleurs	utrò
aimer	amar
ainsi	uschia
air	aria *f*
ajouter	agiuns̲cher
allemand	tudestg
aller	ir, chaminar
allumer	envidar
allumette	zulprin *m*
alors	(a)lura
amener	appurtar, manar
ami, -e	ami, -a
amour	amur *f*
amusant	(al)legher
amuser	divertir
an, année	onn *m*, annada *f*
ancien	vegl, anteriur
âne	asen *m*
anglais	englais
animal	animal *m*
anniversaire	anniversari *m*
annonce	annunzia *f*
annoncer	annunziar
août	avust *m*
apercevoir	percepir
s'apercevoir	remartgar
apparaître	cumparair
appareil	apparat *m*
appartement	appartament *m*
appartenir	appartegnair
appeler	appellar, numnar
s'appeler	avair num
apporter	appurtar
apprécier	(ap)preziar, stimar
apprendre	emprender
s'approcher	s'avis̲chinar
après	suenter
après-demain	puschmaun
après-midi	suentermezdi *m*
arbre	planta *f*
argent	argient *m*; daner(s) *m*
arme	arma *f*
armée	armada *f*
armoire	stgaffa *f*
arranger	arrans̲char
arrêter	fermar ; arrestar

s'arrêter	sa fermar
arrière	davos
arriver	(ar)rivar; capitar
art	art *m*
article	artitgel *m*
artiste	artist, -a
s'asseoir	sa tschentar
assez	avunda; detg
assiette	plat *m*, taglier *m*
assurer	segirar
atelier	lavuratori *m*
attacher	liar, fermar, rentar
attendre	spetgar
attention	attenziun *f*, adatg *m*
attraper	tschiffar
aucun	nagin
au-dessous	sut, giu
au-dessus	sur(a), si
augmenter	augmentar
aujourd'hui	oz, ozendi
aussi, également	er(a)
aussi, tant	uschè
aussitôt	immediat
autant	tant
auteur	autur *m*
auto	auto *m*
autobus	(auto)bus *m*
autocar	autocar *m*
automne	atun *m*
autour de	enturn
autre	auter
autrefois	antruras
autrement	autramain
avalanche	lavina *f*
avancer	avanzar
avant	avant
avantage	avantatg *m*, niz *m*
avant-hier	stersas
avec	cun
avenir	avegnir *m*
aveugle	tschorv
avion	aviun *m*
avis	avis *m*
avoir	avair
avouer	confessar
avril	avrigl *m*

B

bagage	bagascha *f*
se baigner	bagnar
baignoire	bognera *f*
bain	bogn *m*
baisser	sbassar
balayer	scuar
balcon	balcun *m*, lautga *f*
balle, -on	balla *f*, culla *f*
banc	banc *m*
banque	banca *f*
barbe	barba *f*
bas adj.	bass
en bas	giu
bateau	bartga *f*
bâtiment	bajetg *m*
bâton	bastun *m*, fist *m*
battre	batter, pitgar
beau, belle	bel, -ella
beaucoup	bler *adj/adv*
beauté	bellezza *f*
bébé	pop *m*
bec	bec *m*, pichel *m*
besoin	basegn *m*
bête	biestg *m*, bestga *f*
beurre	paintg *m*
bibliothèque	biblioteca *f*
bicyclette	velo *m*
bien adv.	bain
bien m.	bain *m*
bien que	schebain che
bientôt	prest
bière	biera *f*
billet	bigliet *m*
bizarre	bizar, curius
blague	spass *m*
blanc	alv

blé	salin *f*
blesser	blessar, ferir
blessure	blessura *f*, plaja *f*
bleu	blau
blond	blond
blouse	blusa *f*
bœuf	bov *m*, arment *m*
boire	baiver
bois	guaud *m*; lain *m*
boisson	bavronda *f*
boîte	stgatla *f*, chascha *f*
bon, bonne	bun, -a
bonheur	ventira *f*, fortuna *f*
bonjour	allegra ! bun di !
bonsoir	buna saira !
bord	ur *m*, chantun *m*
bouche	bucca *f*
boue	glitta *f*, lozza *f*
bouger	mover, muventar
bouillir	buglir, coier
boulangerie	furnaria *f*, pastenaria *f*
boule	balla *f*, culla *f*
bout	fin *f*, chantun *m*, chavazzin *m*; toc *m*
bouteille	buttiglia *f*
boutique	butia *f*, stizun *f*
bouton	buttun *m*, pirla *f*
branche	rom(in) *m*, frastga *f*
bras	bratsch *m*
brave	brav, -a
bref	curt, -a
briller	(tra)glischar
brosse	barschun *m*
brouillard	tschajera *f*, brentina *f*
bruit	canera *f*, ramur *f*
brûler	arder, brischar
brun	brin, -a
bureau	biro *m*, uffizi *m*
but	(fina)mira *f*

C

ça	quai, i(gl)
cabine	cabina *f*
cacher	zupp(ent)ar
cadeau	dun *m*, regal *m*
café	café *m*
caisse	chascha *f*, chista *f*
camarade	camarat, -a
camion	camiun *m*
campagne	champagna *f*
camping	campadi *m*
canard, cane	anda *f*
caoutchouc	gumma *f*
capable	abel, capavel
capitale	chapitala *f*
car conj.	pertge che
carré	quader, quadrat
carte	charta *f*, carta *f*
cas	cas *m*
casser	rumper, sfratgar
casserole	chazzetta *f*
cause	causa *f*, chaschun *f*
causer, être cause	chaschunar
causer, parler	tschantschar, baterlar
cave f.	tschaler *m*
ce pron.	quai, i(gl)
ce, cet, cette	quest(a), quel(la), lez(za)
ceci	quest, quai
ceinture	tschinta *f*
cela	quai, gliez
cendre	tschendra *f*
cent	tschient
centime	rap *m*
centre	center *m*
cependant	dentant, tuttina
cerf	tschierv *m*
certain	tschert
certainement	tschert, franc
cerveau	tscharvè *m*
chacun	mintgin, scadin

chaîne	chadaina *f*
chaise	sutga *f*
chalet	chalet *m*, tegia *f* d'alp
chaleur	ardur *f*, chalira *f*,
	chalur *f*, chaud *m*
chambre	chombra *f*, stanza *f*
champ	chomp *m*, er *m*
chance	schanza *f*,
	fortuna *f*, ventira *f*
changer	midar, stgamiar
chanson	chanzun *f*
chanter	chantar
chapeau	chapè *m*
chaque	mintga, -in, scadin
charger	chargiar, engrevgiar
chasser	chatschar
chat	giat *m*
château	chastè *m*
chaud	chaud, -a
chauffage	stgaudament *m*
chauffer	stgaudar, far fieu
chauffeur	autist *m*
chaussette	chaltschiel *m*, socca *f*
chaussure	chalzer *m*
chef	schef *m*, chau *m*
chef-d'œuvre	capodovra *m*
chemin	via *f*, stradun *m*
cheminée	chamin *m*
chemise	chamischa *f*
chèque	schec *m*
cher	char, -a
chercher	tschertgar
cheval	chaval *m*
cheveu	chavel *m*
chèvre	chaura *f*
chez	a, da, tar
chien	chaun *m*
chiffre	cifra *f*
chocolat	tschigulatta *f*
choisir	tscherner, eleger
chose	chaussa *f*
ciel	tschiel *m*
cigarette	cigaretta *f*
cimetière	santeri *m*
cinéma	kino *m*
cinq	tschintg
cinquante	tschuncanta
ciseaux	forsch *f sg*
clair	cler, -a
classe	classa *f*
clé	clav *f*
client	client *m*, giast *m*
cloche	zain *m*
clou	gutta *f*
cochon	portg *m*
cœur	cor *m*
coiffeur	frisunz, coiffeur
coin	chantun *m*
colère	gritta *f*, ravgia *f*
coller	collar, tatgar
combien	quant
commander	cumandar,
	ordinar, (em)pustar
comme	sco (che)
commencer	entschaiver,
	cumenzar
comment	sco ; co ?
commerce	commerzi *m*,
	martgà *m*, negozi *m*
commun	cumin, -aivel
commune	cumin *m*,
	vischnanca *f*
complet	cumplet, -a
compliqué	cumplitgà
comprendre	encleger, chapir
compte	quint *m*, conto *m*
compter	quintar, dumbrar
condition	cundiziun *f*
conduire	manar, diriger,
	guidar, manischar
conférence	conferenza *f*
confiance	fidanza *f*,
	fiduzia *f*, confidenza *f*
confortable	cumadaivel
congé	congedi *m*

connaissance	savida *f*, (en)conuschientscha *f*, schientscha
connaître	(en)conuscher
conseil	cussegl *m*
conseiller v.	cussegliar
construire	construir, bajegiar
contact	contact *m*
content	cuntent, led
continuer	cuntinuar, proseguir, ir vinavant
contraire	cuntrari
contre	(en)cunter
conversation	conversaziun *f*, rașchieni *m*
copain, copine	cumpogn, -a
coq	cot *m*
corde	corda, suga *f*
corne	corn *m*, corna *f*
corps	corp *m*
correspondre	correspunder
côte	costa *f*
côté	vart *f*
à côté de	sper, ultra
coton	mangola *f*
cou	culiez *m*, tatona *f*
être couché	giașchair
se coucher	ir en letg, sa metter giu
coudre	cuser
couette, édredon	plima *f*
couler	cular, fluir ; crudar
couleur	colur *f*
coup	culp *m*, frida *f*, stausch *m*
couper	tagliar
cour	curt *f*
courage	curașchi *m*
courant	current
courir	currer
courrier	currier *m*
cours	(de)curs *m*
course	cursa *f*, gir *m*
court, -e	curt, -a
cousin, -e	cusrin, -a
couteau	cuntè *m*
coûter	custar
couvert, -e	cuvert, -a
couverture	cuverta *f*
couvrir	cuvrir, curclar
cracher	spidar, scratgar
cravate	cravatta *f*
crayon	rispli *m*
crédit	credit *m*
créer	crear, stgaffir
crème	groma *f*, crema *f*
creuser	chavar, stgavar
creux	chavortg, cav
crevasse	sfendaglia *f*, sfessa *f*
crier	(s)bragir, clamar
croire	crair, manegiar
croissant	creschent *m*
croître	crescher
croix	crusch *f*
croûte	crusta *f*
cru, non cuit	criv
cueillir	cleger, prender giu
cuiller	tschadun *m*
cuir	tgirom *m*
cuire	coier
cuisine	cușchina *f*
cuit	cotg
culotte	chautschas *fpl*
cultiver	cultivar, tgirar
culture	cultira *f*; cultura *f*
curé	plevon, prer
curieux	mirveglius; curius

D

d'abord	l'emprim
d'accord	d'accord
d'ailleurs	dal reminent
dame	signura, dunna, dama
danger	privel *m*
dangereux	privlus

dans	en, enten, a
danse	saut *m*, bal *m*
danser	sautar, ballar
d'après	segund
davantage	dapli, pli bler
de	da(d), or da
debout	sin/en pe; dretg si
début	entschatta *f*
décembre	december *m*
décharger	stgargiar
déchirer	stgarpar
décider	decider, far giu
décision	decisiun *f*
décorer	decorar, garnir
dedans	(en)dadens; anen
défaut	menda *f*, defect *m*
défendre	defender
dehors	dador(a), anor(a)
déjà	gia
déjeuner	gentar
demain	damaun
demande	dumonda
demander	dumandar, rugar
demi, -e	mez *m*, mesa *f*
démolir	destruir, demolir
dent	dent *m*
dentiste	dentist, -a
départ	partenza *f*
se dépêcher	far chommas, far prescha
dépendre de	depender da
dépenser	spender
depuis	dapi
déranger	disturbar
dernier	davos, ultim
derrière	davos(tiers)
dès que	uschespert che
descendre	descender, ir (en)giu
déshabiller	svetgir
désirer	avair gugent
dessert	dessert *m*
dessiner	dissegnar
dessous	sut(en), giusut
dessus	(si)sur(a), sur, si
détail	detagl *m*
deuil	cordoli *m*
deux	dus, du(a)s *f*,
tous les deux	(d)omadu(a)s
deuxième	segund
devant	davant(tiers)
développer	sviluppar
devenir	vegnir, daventar
devoir[1] m.	duair *m*, pensum
devoir[2] v.	duair, avair da ; *(être obligé)* stuair
diable	diavel, dianter
Dieu	Dieu *m*
différence	differenza *f*
différent	different
difficile	grev, difficil
difficulté	difficultad *f*
dimanche	dumengia *f*
dîner	tschaina *f*
dîner, souper	tschanar
dire	dir
direct	direct
directeur	directur *m*
direction	direcziun *f*
discuter	discutar
disque	platta *f*, disc *m*
dix	diesch
docteur	docter *m*
doigt	det *m*, detta *coll*
dommage	donn *m*, perdita *f*
donc	pia, damai, be
donner	dar
dont	dal qual, *etc.*
dormir	durmir
dos	dies *m*
d'où	danunder
douane	duana *f*
double	dubel, -bla
douche	duscha *f*
douleur	dolur *f*, mal *m*

doute dubi *m*
douter dubitar
doux dultsch, lom
drap lenziel *m* ; ponn *m* da letg
drapeau bandiera *f*
droit m. dretg *m*
droit dretg, guliv
drôle comic, da rir
dur dir
durée durada *f*

E

eau aua *f*
échanger barattar, stgamiar, midar
écharpe schal *m*
échelle stgala *f*
écho resun *m*
éclair chametg *m*
éclairer illuminar, sclerir
école scola *f*
économiser economisar
écorce scorsa *f*, paletscha *f*
écouter tadlar
écraser smatgar, squitschar
écrire scriver
edelweiss stailalva *f*
éducation educaziun *f*
effet effect *m*
effort sforz *m*, bregia, fadia *f*, stenta *f*
égal egual
également er(a)
église baselgia *f*
électricité electricitad *f*
électrique electric
élève scolar
élever (d)auzar, elevar, educar, trair si
élire eleger
elle ella
elles ellas
embrasser embratschar ; bitschar
émission emissiun *f*
emmener prender cun sai
empêcher impedir
emploi (a)diever *m*
employé emploià/impiegà
employer duvrar, impunder, utilisar
emporter purtar davent
en adv. davent, da quai
en prép. en, a
enchanté ! fa plaschair !
encore anc
s'endormir sa durmentar
endroit lieu *m*, post *m*
enfant uffant *m*
enfin a la fin
engager impegnar, engaschar
engrais ladim *m*, grascha *f*
enlever dismetter, dustar, metter davent, rumir, trair or, smover
ennemi inimi *m*
ennuyer tentar, disturbar
énorme enorm, starmentus
enregistrer registrar
enroué rauc
enseignement instrucziun *f*
enseigner mussar, instruir, dar scola
ensemble ensemen, in cun l'auter
ensuite pli tard, suenter
entendre (d)udir
enterrement funeral *m*, sepultura *f*
entier entir
entourer enturnar
entraîner (s') trenar
entre tranter
entrée entrada *f*, suler *m*
entrer entrar, ir en
enveloppe cuverta *f*

envie	quaida *f*, veglia *f*
environ	circa, pressapauc, bunamain, var, radund
envoyer	trametter, spedir
épais	gross, spess
épargner	spargnar
épaule	givè *m*, spatla *f*
épicéa	pign *m*
épicerie	negozi *m* da victualias
épine	spina *f*
épingle	gluva *f*
équipe	equipa *f*, squadra *f*, gruppa *f*
erreur	errur *f*, sbagl *m*
escalier	stgala *f*
espace	spazi *m*
espèce	sort *f*, spezia *f*
espérer	sperar
esprit	spiert *m*
essayer	(em)pruvar, gustar, sagiar
essence	benzin *m*
essuyer	sfruschar, sientar
est, orient	orient *m*, ost *m*
estimer	stimar
et	e(d)
étage	auzada *f*, plaun *m*
état	stadi *m*
et cetera	ed uschia vinavant
été m.	stad *f*
éteindre	stidar, stizzar
étoile	staila *f*
étonner	surprender
étranger	ester, -tra
être	esser, star
être humain	carstgaun *m*, (con)uman *m*
être assis	seser
étroit	stretg, satigl
étude	studi *m*
étudiant	student *m*
étudier	studegiar
euro	euro *m*
eux	els
événement	eveniment *m*, schabetg *m*
évêque	uvestg *m*
évidemment	natiralmain
évident	evident
éviter	guntgir
exact	exact, gist
excursion	girada *f*, tura *f*
excuser	(per)stgisar
exemple	exempel *m*, sumeglia *f*
exister	exister
expédier	spedir
expliquer	explitgar
extérieur	exteriur

F

face	fatscha *f*
facile	facil, lev, tgunsch
façon	maniera *f*, guisa *f*, moda *f*
facteur	postin *m*, pot *m*
faible	debel, flaivel
faim	fom *f*
faire	far
fait m.	fatg *m*
falaise	paraid-crap *f*
falloir	stuair, avair da
famille	famiglia *f*
farine	farina *f*
fatigué	fiac, stanchel
faute	culpa *f*, sbagl *m*
fauteuil	pultruna *f*
faux, fausse	fauss, fallà
féliciter	gratular
femme	dunna *f*
fenêtre	fanestra *f*
fer	fier *m*
ferme f.	bain *m* (puril), farma *f*
fermer	clauder, fermar, serrar

fête	festa *f*
feu	fieu *m*
feuille	fegl *m*, feglia *coll*
février	favrer *m*
ficelle	corda *f*
fidèle	fidaivel
fier, fière	losch, superbi
fièvre	fevra *f*
fil	fil *m*
filet	rait *f*
fille	figlia *f*, matta *f*
fils	figl *m*
fin[1] f.	fin *f*, finamira *f*
fin[2], *fine*	malizius, fin
finir	finir, ventscher
fleur	flur(a) *f*
fleuve	flum *m*
fœhn (vent)	favugn *m*
foi	fai *f*, cardientscha *f*
foin	fain *m*
foire	fiera *f*
fois	gia(da) *f*
foncé	stgir
fond	fund *m*
fondre	lu(ent)ar, cular
fondue	fondue *m/f*
fontaine	bigl *m*, funtauna *f*
football	ballape *m*
force	forza *f*, vigur *f*
forêt	guaud *m*
forme	furma *f*
fort	ferm, vigurus
fossé	foss *m*
fou	nar, sturn
four	furn *m*, furnel *m*
fourchette	furtgetta *f*
fragile	fraschel
frais[1] mpl.	expensas *fpl*, custs *mpl*, spesas *fpl*
frais[2], *fraîche*	frestg
fraise	fraja *f*
framboise	ampuauna *f*
franc suisse	franc *m*
Français	Franzos
frapper	pitgar, spluntar
frein	frain *m*
frère	frar *m*
froid	fraid ; fradaglia *f*
fromage	chaschiel *m*
fromage blanc	tschigrun *m*
front	frunt *m*
frontière	cunfin *m*
frotter	sfruschar
fruit	fritg *m*, puma *coll*
fumée	fim *m*
fumer	fimar
funiculaire	funiculara *f*
futur	futur *(m)*

G

gagner	gudagnar
gai	(al)legher
gant	guant *m*
garage	garascha *f*
garçon	mat *m*, mattet *m*
garder	far guardia, metter en salv, pertgirar
gardien	guardian *m*
gare	staziun *f*
gâteau	petta *f*, turta *f*
gauche	sanester, -tra
gaz	gas *m*, svapur *f*
gel, gelée	schelada *f*, schelira *f*; prugina *f*
geler	schelar
gendre	schender *m*
gêner	disturbar, mulestar
général	general
genou	schanugl *m*
genre	gener *f/m*
gens	glieud *coll*
gentiane	(g)enziana *f*
gentil	gentil, charin, plaschaivel, pulit, prus
geste	moviment *m*

givre prugina *f*
glace glatsch *m*
glacier glatscher *m*
glisser glischnar, ruschnar
gorge giargiatta *f*, gula *f*; chavorgia *f*
goût gust *m*
goûter gustar ; marenda *f*
goutte (da)gut *m*
gouvernement guvern *m*
grâce grazia *f*
grain graun *m*, sem *m*
graisse grass *m*
grand grond
grandir crescher
grand-mère tatta *f*, nona *f*
grand-père tat *m*, non *m*
grands-parents tat e tatta
grange clavà *m*
gras grass
gratuit gratuit
grave grev, gravant
grêle f. granella *f*
grenier surchombras *m*
griller ustrir, brassar
grimper raiver
gris grisch
grison grischun
Grisons (canton) Grischun *m* ;
les – romanches (région) il Grischun rumantsch
gros gross, corpulent
grotte chaverna *f*, grotta *f*, cuvel *m*
groupe gruppa *f*
guérir guarir, medegiar
guerre guerra *f*
guichet spurtegl *m*
guide guid *m*; mussavia *f*

H

habiller trair en, vestgir
habit vestgì *m*
habiter abitar, avdar, star
habitude disa *f*, usit *m*
haricot bagiauna *f*, fav *m*
hasard casualitad *f*, gartetg *m*, schabetg *m*
haut aut, grond
en haut sisur, si; amunt, ensi
herbe erva *f*, pastg *m*
heure ura *f*
heureusement per ventira
heureux fortunà, ventiraivel
hier ier
hirondelle randulina *f*
histoire istorgia *f*
hiver enviern *m*
homme um *m*
honnête onest, pulit
honneur onur *f*
hôpital (o)spital *m*
horloge ura *f*
horreur sgarschur *f*
horrible orribel, snuaivel
hors de or(a), or da, ord
hôte, invité giast *m*, client *m*
hôte, hôtelier osp *m*
hôtel hotel *m*
huile ieli *m*
huit otg
humain uman
humeur glina *f*, umur *m*, chaprizi *m*, luna
humide umid

I

ici qua
idée idea *f*, patratg *m*
il el *m*
il, ce (impers.) i(gl)
île insla *f*
ils els
image maletg *m*, purtret *m*
imaginer imaginar
important impurtant

impossible	impussibel, nunpussaivel
impôt	imposta *f*
imprimer	stampar
incendie	incendi *m*
inconnu	nun(en)conuschent
indiquer	inditgar
industrie	industria *f*
infirmier	tgirunz *m*
ingénieur	inschigner *m*
insecte	insect *m*
installer	(en)drizzar, installar
instant	batterdegl *m*, mument *m*
instituteur	magister *m*, scolast *m*
intelligence	intelletg *m*, intelligenza *f*, perdertadad *f*
intelligent	intelligent, perdert, scort
intention	intent *m*, intenziun *f*
intéressant	interessant
intérieur	interiur
inviter	envidar

J

jamais (ne)	(na) mai
jambe	chomma *f*
jambon	schambun *m*
janvier	schaner *m*
jardin	curtin *m*, iert *m*
jaune	mellen (melna)
je	jau
jeter	bittar, trair
jeu	gieu *m*
jeudi	gievgia *f*
jeune	giuven, -vna
jeunesse	giuventetgna *f*
joie	(al)legherment *m*, -grezza *f*, -gria *f*, daletg *m*
joli	charin
joue	gauta *f*, vista *f*
jouer	giugar ; sunar
jouet	giugaret *m*, termagl *m*
jour(née)	di *m*
journal	gasetta *f*
joyeux	(al)legher, led
juger	derschar, truar, giuditgar, sentenziar
juillet	fanadur *m*
juin	zercladur *m*
jumeau	schumellin
jupe	rassa *f*, tschop *m*
jus	suc *m*
jusqu'à	(en)fin
juste	gist, (en)endretg
justement	gist, precis
justice	giustia *f*

K

kilo	kilo(gram) *m*
kilomètre	kilometer *m*

L

là	là, qua, tscha, vi, envi(a)
là-bas	là giu, vi là
lac	lai *m*
là-haut	là si
laid	trid
laine	launa *f*
laisser	(re)laschar, cuir
lait	latg *m*
lame	loma *f*, nizza *f*
lampe	ampla *f*, glisch *f*, lampa *f*
lancer	bittar, trair
langue (organe)	lieunga *f*
langue (parl.)	lingua *f*, linguatg *m*
large	lad, lartg
lavabo	lavandin *m*, lavabo *m*
laver	lavar
leçon	lecziun *f*
léger	lev ; liger
légumes	legums *mpl*, verdura *f*

lendemain	di davos *m*, l'auter di
lent	plaun
lequel	il qual, tgenin
lettre, missive	brev *f*
– (caractère)	bustab *m*, letra *f*
lever	auzar
se lever	levar, star si
lèvre	lef *m*
liberté	libertad *f*
libre	liber, franc
lier	giunscher, (col)liar
lieu	lieu *m*, post *m*
ligne	lingia *f*, retscha *f*
limite	limit *m*
linge	biancaria *f*; resti *m*
lire	leger ; preleger
lit	letg *m*
litre	liter *m*
livre m.	cudesch *m*
livrer	furnir
loger	(al)loschar
loi	lescha *f*
loin	(da)lunsch
long	lung
longtemps	ditg, lung
lorsque	cur(a) che
louer, bailler à	dar a fit, affitar
louer auprès	prender a fit, fittar
loup	luf *m*
lourd	grev, pesant
loyer	fit(-chasa) *m*
luge	scarsola *f*
lumière	clerezza *f*, cler *m*, glisch *f*, glischur *f*
lundi	glindesdi *m*
lune	glina *f*
lunettes	egliers *mpl*
lutter	lutgar
luxe	luxus *m*
lycée	gimnasi *m*

M

machin	guaffen *m*
machine	maschina *f*
maçon	miradur *m*
madame	signura *f*
mademoiselle	giuvna *f*
magasin	butia *f*, negozi *m* fatschenta *f*
magnifique	magnific, grondius, stupent
mai	matg *m*
maigre	magher, -gra
main	maun *m*
maintenant	uss(a), en quest mument, dapreschent
mairie	chasa-cumin *f*, chasa communala *f*
mais	ma, dentant, però
maison	chasa *f*
maître	maister *m*, patrun *m*; magister *m*, scolast *m*
mal	mal *m*
malade	malsaun
maladie	malsogna *f*
malgré	malgrà
malheur	disgrazia *f*, disfortuna *f*
malheureusement	deplorablamain
malheureux	disfortunà, disgrazià
maman	mamma *f*
manche f.	mongia *f*
manche m.	moni *m*
manger	mangiar
manière	maniera *f*, guisa *f*; moda *f*
manquer à	fallar, sbiagliar
manquer de	manc(hent)ar
manteau	mantè *m*
marchand	martgadant *m*, negoziant *m*

marche, échelon	stgalim *m*
marché	martgà *m*, fiera *f*
marcher	chaminar, marschar
mardi	mardi *m*
mardi gras	tschaiver *m*
mari	um *m*
mariage	matrimoni *m*, lètg *f*, maridaglia *f*
se marier	maridar
marmite	avnaun *f*
marmotte	muntanella *f*
mars	mars *m*
marteau	martè *m*
matelas	matratscha *f*
matin	damaun *f*
matinée	avantmezdi *m*
mauvais	mal, nausch
mécanicien	mecanist *m*
méchant	mal(ign), nausch
médecin	medi *m*
médecine	medischina *f*
médicament	medicament *m*, remedi *m*
meilleur	meglier, -glra
se mêler (de)	s'empatgar (da)
membre	(com)member *m*
même	medem ; perfin, schizunt
même si	schegea che, schebain che
ménage	chasada *f*, tegnairchasa *m*
mentir	dir manzegnas
menton	mintun *m*
menu	menu *m*
menuisier	scrinari *m*
mer	mar *f (m)*
merci	engraziel, grazia
mercredi	mesemna *f*
mère	mamma *f*
mes	mes *m*, mias *f*
message	messagi *m*, annunzia *f*
mesure	mesira *f*
mesurer	mesirar
métal	metal *m*
métier	clamada *f*, mastergn *m*, mastergnanza *f*, professiun *f*
mètre	meter *m*
mettre	metter, trair en
meuble	mobiglia *f*
midi	mezdi *m*
mien, mienne	mieu, mia
mieux	meglier
milieu	mez *m*
au milieu de	(ent)amez
mille	milli
million	milliun *m*
mince	satigl, fin
minuit	mesanotg *f*
minute	minuta *f*
mode f.	moda *f*
moderne	modern
moi	jau, mai
moindre	mender
le moindre	minim(al), il pli pauc
moins	main, pli pauc
mois	mais *m*
moitié	mesadad *f*
moment	mument *m*
mon, ma	mes, mia
monde	mund *m*, terra *f*
tout le monde	tuts
monnaie	munaida *f*, valuta *f*
monsieur	signur *m*
montagne	muntogna *f*, munt *f*, culm *m*, pizza *coll*
monter	ascender, ir (en)si, muntar; montar
montre	ura *f* (da bratsch)
montrer	(de)mussar
se moquer	beffegiar, sgiamiar

morceau	toc *m*, tocca *coll* baccun *m*
mordre	morder, ruier
mort f.	mort *f*
mort, -e	mort, -a
mot	pled *m*, term *m*, vierv *m*
moteur	motor *m*
motocyclette	motorin *m*
mou	lom
mouche	mustga *f*
mouchoir	faziel *m*, fazielet
mouillé	bletsch
mourir	murir, spartir
mouton	nursa *f*
mouvement	moviment *m*
moyen, -nne	medi, mesaun
moyen m.	med *m*, media *f*
muet	mit, -itta
mur	mir *m*
mûr	madir
musée	museum *m*
musique	musica *f*

N

n'est-ce pas ?	navair ?
nager	nudar
naissance	naschientscha *f*
naître	nascher, vegnir sin il mund
nappe	tuaglia *f*
nation	naziun *f*
national	naziunal
nature	natira *f*
naturel	natiral
ne	na, nun
ne... pas	(na/n')… betg
ne...plus	na (betg) pli
ne...rien	na… nagut
né	nat, naschì
néant	(il) nagut *m*
nécessaire	basegnaivel, necessari
neige	naiv *f*
– poudreuse	– da pulvra
– fondante	– lomitscha/marscha
chute de –	navada *f*, navaglia *f*
boule de –	botta *f* da naiv
neiger	naiver, bischar
nettoyer	nettegiar, schubregiar
neuf[1] *(9)*	nov
neuf[2]*, neuve*	nov, -a
neveu	nev *m*
nez	nas *m*
ni...ni	ni… ni
nid	gnieu *m*
nièce	nezza *f*
niveau	livel *m*, nivel *m*
Noël	Nadal *m*
nœud	nuf *m*
noir	nair
nom	num *m*
nom de famille	schlatta *f*, num da famiglia
nombre	dumber *m*
nombreux	numerus
nommer, appeler	numnar
nommer, choisir	nominar
non	na
non plus	n'era betg
nord	nord *m*
normal	normal
nos	noss, -as
note	nota *f*
notre, nôtre	noss, -a
nourrir	nutrir, spisgentar
nous	nus ; ans
nouveau	nov
de nouveau	danovamain, puspè
nouvelle	nova *f*, novella *f*
novembre	november *m*
nu	blut, niv
nuage	nivel *m*
nuit	notg *f*
bonne nuit	buna notg !

nul	nagin
nulle part	nagliur
numéro	numer *m*

O

obéir	obedir
objet	object *m*
être obligé	stuair
obliger	obligar
obscur	stgir
obtenir	obtegnair
occasion	chaschun *f*, occasiun *f*
occuper	fatschentar, occupar
octobre	october *m*
odeur	odur *f*, savur *f*
œil	egl *m*
œuf	ov *m*
œuvre	ovra *f*
officiel	uffizial
offrir	offrir, porscher, regalar
oiseau	utschè *m*
ombre	sumbriva *f*
on	ins
oncle	aug *m*, barba *m*
ongle	ungla *f*
onze	indesch
opération	operaziun *f*
opinion	opiniun *f*, idea *f*, parairi *m*
or m.	aur *m*
orage	stemprà *m*, urizi *m*
orange	oranscha *f*
ordinaire	ordinari, cumin
ordonner	ordinar *(2 sens)*
ordre, command.	cumond *m*, ordra *f*, incumbensa *f*
ordre, rangem.	urden *m*
ordures	rument *m*
oreille	ureglia *f*
oreiller	plimatsch *m*
organiser	organisar
origine	origin *m*
os	oss *m*, ossa *coll*
oser	(d)astgar, ristgar gughegiar
ôter	dustar
ou, ou bien	u, ubain
où	nua ? nua che
d'où	danunder
oublier	emblidar
ouest	vest *m*, occident
oui	gea
ours	urs *m*
outil	guaffen *m*, isegl *m*
ouvert	avert
ouvrier	lavurer *m*
ouvrir	avrir

P

page	pagina *f*
paiement	pajament *m*
paille	strom *m*, stumbel *m*
pain	paun *m*
paire	pèr *m*, pèra *coll*
paix	pasch *f*
panier	chanaster *m*
panne	incap *m*, empatg *m*
pantalon	chautscha(s) *f(pl*
papa	bab *m*, papà *m*
papier	palpiri *m*
Pâques	Pasca *f*
paquet	pac *m*, pachet *m*
par	per, (a)tras, cun
paraître	(cum)parair, sa mussar, vesair or(a)
parc	parc *m*
parce que	perquai che
pardon	perdun(ament) *m*
pareil	sumegliant
parent	parent *m*
parents	bab e mamma, geniturs *mpl*
parfait	perfetg

parfois	mintgatant
parking	parcadi *m*
parler	discurrer, tschantschar
parmi	tranter
parole	pled *m*
part	part *f*
quelque part	insanua
partager	cumparter, reparter
participer	(sa) participar (a), far part (da), prender part (a/da)
particulier	particular
partie	part *f*, partida *f*
partir	ir davent, partir
partout	dapertut
pas	pass *m*
ne pas	na, (na) betg, nun
pas du tout	insumma betg, tuttavia betg
même pas	gnanc(a)
passage	passadi *m*, passagi *m*, vial *m*
passeport	passaport *m*
passer	passar, passentar
se passer	capitar, daventar, passar, succeder
pâte	pasta *f*
pâtes	pastas *fpl*, tagliarins *mpl*
patron	patrun *m*
patte	toppa *f*, tschatta *f*
pauvre	pauper, pover
payer	pajar, sbursar
pays	pajais *m*
paysan	pur *m*
peau	pel *f*
pêche (fruit)	persic *m*
pêcher v.	pestgar
peigne	petgen *m*
peigner	petgnar
peindre	picturar, malegiar
peine	paina *f*, fadia *f*, stenta *f*
à peine	apaina, strusch
peinture	pictura *f*, quader *m*
pelle	badigl *m*, pala *f*
pencher	sbassar, inclinar
pendant	durant
pendant que	entant che
pendre	pender
pénible	fadius, penibel, stentus
penser	pensar, manegiar, patratgar, ponderar
perdre	perder
père	bab *m*, papà *m*
permettre	permetter, lubir
permis	permiss *m*
permission	permissiun *f*, lubientscha *f*
personne f.	persuna *f*
personne ne	na...nagin
personnel	persunal *m*
peser	pasar
petit	pitschen
petit-fils	biadi *m*
pétrole	ieli *m*, petroli *m*
peu	pauc
un peu	in pau, in zic(hel)
peuple	pievel *m*
peur	tema *f*
peut-être	forsa, po dar/esser
pharmacie	apoteca *f*
photo	foto *f*
pièce	local *m*, stanza *f*; toc *m*
pied	pe *m* ; *à* – a pe
pierre	crap *m*, crappa *coll*
pin sylvestre	tieu *m*
pin cembro	schember *m*
piolet	zappunet *m*
piquer	piztgar, punscher
pire, pis	pir, pli mal, mender

place plaz *m*, plazza *f*, post *m*
placer plazzar, postar
plafond palantschieu sur(a) *m*
se plaindre lamentar, planscher
plaine planira *f*, plaun *m*
plaire plaschair
s'il te/vous plaît per plaschair, fa(schai) il bain
plaisir plaschair *m*, daletg *m*
planche aissa *f*
plancher palantschieu *m*
plante planta *f*
planter plantar
plat, platte plat, guliv, planiv
plat, assiette cros(a) *m(f)*, cuppa *f*; stgadella *f*
plat, mets tratga *f*
plein (cum)plain
pleurer bragir, cridar
pleuvoir plover
plier faudar, plegar
pluie plievgia *f*
plume penna *f*, plima *f*
plus pli, dapli
ne... plus na...(betg) pli
non plus n'era betg
plusieurs pli(r)s *m*, -ras *f*
plutôt plitost, anzi, plitgunsch ; *(assez)* detg
poche giaglioffa *f*
poêle f. padella *f*, chazzetta *f*
poésie, poème poesia *f*
poids pais *m*, paisa *f*
poignée (porte) falla *f*, maniglia *f*; manetsch(a) *m(f)*
poil pail *m*
poing pugn *m*
point punct *m*
point de vue puntg *m* da vista
pointe guegl *m*, piz *m*
pointu giz, -izza
poisson pesch *m*
poitrine pèz *m*, sain *m*
poli curtaschaivel, gentil
police polizia *f*
politique f. politica *f*
pollution polluziun *f*
pomme mail *m*, maila *f*
pomme de terre tartuffel *m*
pont punt *m*
port port *m*
porte porta *f*, isch *m*
portefeuille portafegl *m*
porte-monnaie bursa *f*
porter purtar
poser pusar, metter si, postar, tschentar
posséder posseder
possibilité pussaivladad *f*
possible pussaivel
poste f. posta *f*
poste m. post *m*
pot chanta *f*, cria *f*
potage schuppa *f*
poubelle sadella *f* da rument
poule giaglina *f*
poulet giaglina *f*, cot *m*
pour per
pour que per che
pourboire bunamaun *f*
pourquoi pertge, daco
pourtant tuttina, però
pousser, heurter stumplar, stuschar
pousser, croître crescher, pruir
poussière pulvra *f*
pouvoir v. pudair, (d)astgar
pouvoir m. pussanza *f*
prairie prada *f*
pratique pratic ; pratica *f*
précieux prezius
précipice precipizi *m*
préférer preferir
premier prim, emprim

prendre prender
prénom prenum *m*
préparer pinar, preparar, semtgar
près (de) sper, datiers, dasper(as) ; natiers
présent preschent
présenter preschentar, inoltrar, mussar, porscher
presque bunamain, quasi
pressé en prescha, preschant
prêt pinà, pront, semtgà
prêter emprestar, dar ad emprest
preuve cumprova *f*
prévoir proveder
prier urar ; rugar
je vous en prie! anzi !
principal principal
printemps primavaira *f*
privé privat
prix pretsch *m*
problème problem *m*
prochain proxim, che vegn
proche proxim, vischin
produire producir, chaschunar
produit product *m*
professeur magister/scolast, professer *m*
profession professiun *f*
profiter profitar
profond profund
programme program *m*
progrès progress *m*
promenade spassegiada *f*
se promener spassegiar, flanar
promettre empermetter
prononcer pronunziar
propre[1], net net, schuber
propre[2], à soi agen, propri
propriétaire proprietari *m*
protéger proteger
provision provisiun *f*
prudent prudent, precaut
public public
puis alura, suenter
puisque damai/perquai che
punir punir, chastiar

Q

quai perrun *m*
qualité qualitad *f*
quand cur(a) ? cur(a) che
quand même tuttina
quantité quantitad *f*
quart, quatrième quart *m*
quartier quartier *m*
quatre quatter
que, quoi ? tge ?
que che
ne... que be, mo ; pir
quel qual, tgenin
quelque(s) in pèr, inqual, intgins, insaquants, varsaquants
quelqu'un insatgi
quelque chose insatge
quelquefois inqualgia(da), mintgatant
question questiun *f*, dumonda *f*
queue cua *f*
qui tgi ? che, tgi
quinze quindesch
quitter (a)bandunar
quoi tge ? tge
pas de quoi ! anzi !
quoique schebain/cumbain che, er(a) sche, schegea che
quotidien quotidian

R

racine ragisch *f*
raconter raquintar
radio radio *m*
raisin iva *f*

raison raschun *f*, intelletg *m*
ramasser ramassar, rimnar, prender si
ramener turnentar
ranger ordinar
rapide spert, svelt
se rappeler sa regurdar
rare rar, stgars
se raser far la barba
rayon radi *m*
récemment dacurt
récent recent
recevoir retschaiver, survegnir
réclamer reclamar
récolte racolta *f*
récolter racoltar, racoglier
reconnaître renconuscher
reculer ir enavos, tschessar
refaire refar
réfléchir reflectar, patratgar, ponderar
réfrigérateur frestgera *f*
refuge refugi *m*
refuser refusar
regard egliada *f*, sguard *m*
regarder guardar, tgittar, cuchegiar ; concerner, reguardar
région regiun *f*, cuntrada *f*
régler reglar, rugalar
regretter cumplanscher, s'enriclar, star mal
religieux religius
religion religiun *f*
remarquable remartgabel
remarquer remartgar, percorscher
remercier engraziar
remettre consegnar ; porscher, remetter, surdar ; metter enavos
remonte-pente runal *m*
remplacer remplazzar
remplir emplenir
remuer mover, (sa) muventar
renard vulp *f*
rencontrer (in)scuntrar, (s)entupar
rendez-vous termin *m*, appuntament *m*
rendre render, turnentar
(se) – compte (sa) render quint
renseignement scleriment *m*
renseigner infurmar
réparation reparatura *f*
réparer reparar
repas past *m*, tschavera *f*
repasser (linge) stirar
répéter repeter
répondre respunder, replitgar
réponse resposta *f*
repos (re)paus *m*
se reposer pussar, ruassar
reprendre prender enavos
réserver resalvar, reservar
résoudre schliar
respecter respectar
respirer respirar, fladar
ressembler sumegliar
restaurant restaurant *m*, ustaria *f*
reste rest *m*
rester restar, vanzar, star, rumagnair
résultat resultat *m*
retard retard *m*
retirer retrair
retour return *m*
retourner turnar, returnar
retraite pensiun *f*, renta *f*
réunir radunar, reunir
réussir gartegiar, reussir
rêve siemi *m*
réveil-matin svegliarin *m*
réveiller dasdar, svegliar
revenir revegnir, turnar

rêver	(sa) siemiar
au revoir	a revair
rez-de-chaussée	plaunterren *m*
Rhète	Ret *m*
Rhétie	Rezia *f*
rhétique	retic
rhéto-roman	retorumantsch
rhume	dafraid *m*, struca *f*
riche	ritg
rien (ne)	(na) nagut
rire	rir *m/v*
risquer	ristgar
rivière	flum *m*
riz	ris *m*
robe	rassa *f*, tschop *m*
robinet	spina *f* (d'aua)
rocher	grip *m*, grippa *coll*, spelm *m*
rôle	rolla *f*
roman	roman
romanche	rumantsch
Pays romanche	Rumantschia *f*
romand	romand
Suisse romande	Svizra romanda
rond	radund
rond-point	giratori *m*
rose	rosa *f*
roue	roda *f*
rouge	cotschen
rouler	rudlar ; charrar, manischar
route	strada *f*, via *f*, stradun *m*
rue	strada *f*, via *f*
ruine	ruina *f*, perdiziun *f*
ruisseau	ual *m*, dutg *m*

S

sa	sia
sac	satg *m*, tastga *f*
sain	saun ; sanadaivel
saison	stagiun *f*
salade	salata *f*
salaire	salari *m*, paja *f*
sale	malnet, tschuf
salir	tschufragnar
salle	sala *f*, halla *f*
salle à manger	stanza da mangiar
salle de bains	bogn *m*
salon	stiva *f*
saluer	salidar
samedi	sonda *f*
sang	sang *m*
sans	senza
santé	sanadad *f*
en bonne santé	saun
à votre santé !	viva !
sapin	pign *m*, aviez *m*
sauce	sosa *f*, broda *f*
sauter	siglir
sauvage	selvadi
sauver	salvar, spendrar
se sauver	sa salvar, mitschar, scappar
sauveteur	salvavita *m*
savoir v.	savair, (en)conuscher
savoir m.	savair *m*, savida *f*, (en)conuschientscha *f*
savon	savun *m*
scène	scena *f*
scie	resgia *f*
science	scienza *f*
se	sa
seau	sadella *f*
sec	sitg, *(aride)* setg
sécher	setgar, setgentar
second	segund
secouer	scurlattar
secourir	succurrer
secours	succurs *m*
sel	sal *m*
selon	segund, tenor
semaine	emna *f*
semblable	sumegliant
sembler	parair

semelle	sola *f*
semer	semnar
sens	senn *m* ; vart *f*
sentier	senda *f*, trutg *m*
sentir[1] *(nez)*	odurar, savurar
sentir[2], *ressentir*	(re)sentir
sept	set
septembre	settember *m*
sérieux	serius, gravant
serpent	serp *f*
serrer	strenscher
serveur	camarier *m*
service	servetsch *m*
serviette	sientamauns *m*
servir	servir, nizzegiar
se servir de	sa servir (da), duvrar
ses	ses *m*, sias *f*
seul	sulet, singul
seulement	be, mo ; pir
si[1] adv	uschè, tant, talmain
si bien que	uschia che
si[2] *(oui)*	bain
si[3], *à condition*	sche
siècle	tschientaner *m*
sien, sienne	sieu, sia
signature	signatura *f*
signe	segn *m*, ensaina *f*, noda *f*
signer	firmar, segnar, suttascriver
silence	silenzi *m*
simple	simpel, -pla
sinon	uschiglio
situation	situaziun *f*
six	sis
ski	ski *m*
skier	ir cun skis
social	social
société	societad *f*
sœur	sor(a) *f*
soi	sai
soi-même	sasez(za)
soif	said *f*

soigner	(per)tgirar
soin	tgira *f*, quità *m*, premura *f*
soir	saira *f*
sol	fund *m*, funs *m*, palantschieu *m*, terra *f*, terren *m*
soldat	schuldà *m*
soleil	sulegl *m*
solide	solid ; stabil
solution	soluziun *f*, schliaziun *f*
sombre	stgir
somme f.	summa *f*
sommeil m.	sien *m/f*
sommet	piz *m*, spitg *m*
son[1], *bruit*	sun *m*, tun *m*
son[2], *sa*	ses, sia
sonner	sunar, scalinar
sorte	sort *f*, spezia *f*
sortie	sortida *f*
sortir	sortir, ir or(a)
souci	quità *m*, fastidi *m*
soudain adv.	tuttenina
souffrir	suffrir, patir
souhaiter	giavischar
soupe	schuppa *f*, broda *f*
source	funtauna *f*
sourd	surd
sourire	surrir *v/m*
sous	sut
se souvenir	sa regurdar (da)
souvent	savens
spécial	spezial
sport	sport *m*
stable	stabel, stabil
stylo	stilo(graf) *m*, culli *m*
sucre	zutger *m*
sud	mezdi *m*, sid *m*
suffire	bastar
Suisse (pays)	Svizra *f*
suisse	svizzer, -zra
suite	seria *f*, retscha *f*, successiun *f*, roda *f*

tout de suite	immediat
suivant, -e	suandant, sequent
suivre	ir suenter, suandar
sujet, vassal	subdit *m*
supérieur	superiur
supposer	supponer
sur	si, sin
sûr	segir, franc
sûrement	franc
surtout	cunzunt, surtut
surveiller	survegliar, pertgirar
syndicat	sindicat *m*

T

ta	tia
tabac	tubac *m*
table	maisa *f*
tableau	maletg *m*, pictura *f*; tabella *f*, tavla *f*
se taire	taschair
tandis que	entant che
tant	tant
tant que	uschè ditg che
tante	onda *f*
tapis	tarpun *m*
tard	tard
tas	mantun *m*, pluna *f*
tasse	cuppin(a) *m(f)*, scadiola *f*
taxe	taxa *f*
taxi	taxi *m*
te	ta
technique	tecnic ; tecnica *f*
tel	tal
télécabine	telecabina *f*
téléphérique	pendiculara *f*
téléphone	telefon *m*
– mobile	natel *m*
téléphoner	telefonar
télésiège	sutgera *f*
téléski	runal *m*
télévision	televisiun *f*
tellement	talmain
température	temperatura *f*
tempête	malaura *f*, orcan *m*, burasca *f*, stemprà *m*
temps[1] *(météo)*	aura *f*
temps[2] *(chron.)*	temp *m*
laps de temps	peda *f*, urella *f*
tendre[1] adj.	tener, charin, fin, lom
tendre[2]*, étirer*	tender, stender
tenir	tegnair
se – (debout)	star
tente	tenda *f*
tenue	tenuta *f*, vestgì *m*, costum *m*, mandura *f*
terminer	finir, terminar, ventscher
terrain	terren *m*, funs *m*
terre	terra *f*, terren *m*, terratsch *m*
terrible	terribel, snuaivel
tes	tes *m*, tias *f*
tête	chau *m*, testa *f*
texte	text *m*
thé	té nair *m*
théâtre	teater *m*
tiède	tievi
tien, tienne	tieu, tia
tiers	terz *m*
timbre	marca *f* (postala)
tirer	trair, strair
tissu	ponn *m*, taila *f*
toi	ti, tai
toile	lenziel *m*, taila *f*
toilettes (w.-c.)	commoditad *f*, secret *m*, tualetta *f*
toit	tetg *m*, sust *m*
tomber	crudar, dar giu, cupitgar
ton, ta	tes, tia
tonnerre	tun *m*
tordre	storscher
torrent	torrent *m*, dragun *m*
tort	entiert *m*

tôt	baud, marvegl
toucher	(per)tutgar
toujours	adina, semper
tour[1] f.	tur *f*
tour[2] m.	gir *m* ; girada *f*, tura *f*, tur *m*; turn *m*, vieuta *f*
tourisme	turissem *m*
touriste	turist *m*
tourner	turnar, volver
tousser	tusser
tout, toute	tut, -tta ; mintga
tout à coup	tuttenina
tout à fait	(dal) tuttafatg, tuttavia
tout à l'heure	vivant
tout de suite	immediat
tout droit	dretg or(a)
tous les deux	(d)omadus
tout le monde	tuts
toutefois	dentant, però
tradition	tradiziun *f*
traduire	translatar
train	tren *m*
en train de	londervi
traîneau	schlieusa *f*
– à cheval	schlitra/schlitta *f*
tranche	fletta *f*, talgia *f*
tranquille	quiet, calm
transport	transport *m*
travail	lavur *f*
travailler	lavurar
travailleur	lavurer *m*
à travers	(a)tras
traverser	traversar
trembler	tremblar
tremplin (ski)	schanza *f*
très	fitg, ordvart, zunt
tricot	stgaina *f*, chaltschiel *m*
trier	zavrar, assortir
triste	trist
trois	trais, traia *coll*
troisième	terz
tromper	engianar, cugliunar, trumpar
se tromper	s'engianar, sa sbagliar
trop	memia
trottoir	passape *m*, trottuar *m*
trou	fora *f*, rusna *f*
troupeau	triep *m*, muaglia *f*
trouver	chattar
se trouver	star
tu	ti
tuer	mazzar, sturnir, metter vi
tunnel	tunnel *m*
tuyau	bavrola *f*, uder *m*
type	schani *m*, tip *m*

U

un, une	in, ina
l'un l'autre	in l'auter
unique	unic, sulet
université	universitad *f*
usage	(a)diever *m*, isanza *f*, usit *m*
user	isar
usine	fabrica *f*, implant *m*
utile	nizzaivel, util
utiliser	utilisar

V

vacances	vacanzas *fpl*
vache	vatga *f*
vaincre	gudagnar, superar, surventscher, victorisar
vaisselle	vaschella *f*
laver la –	lavar giu
valeur	valita *f*, valur *f*
valise	valisch(a) *f*
vallée	val *f*, vallada *f*
valoir	valair
vapeur	vapur *f*, fim *m*
veau	vadè *m*
veine	avaina *f*

vélo	velo *m*
vendeur	vendider *m*
vendre	vender
vendredi	venderdi *m*
venir	vegnir
vent	vent *m*, suffel *m*
ventre	venter *m*
verglas	glatsch (viv) *m*
vérifier	verifitgar
véritable	veritabel
vérité	vardad *f*
verre (matière)	vaider *m*
verre (à boire)	magiel *m*
vers, à	vers
versant	blais(a) *f*, spunda *f*
verser	derscher, svidar
vert	verd
vertige	sturnizi *m*
veste	brastoc *m*, giacca *f*
vêtements	vestgids *mpl*
veuf, veuve	vaiv *m*, -a *f*
viande	charn *f*
– des Grisons	pulpa *f*
vide	vid, liber
vider	svidar, sponder
vie	vita *f*
vieux, vieille	vegl, -ia
vigne	vigna *f*, vit *m*
village	vitg *m*, vischnanca *f*
ville	citad *f*
vin	vin *m*
vinaigre	aschieu *m*
vingt	ventg
violon	gìa *f*
virage	storta *f*
vis	struva *f*
visage	fatscha *f*, vista *f*
visite	visita *f*
visiter	visitar
vite	spert, dabot
vitesse	spertadad *f*, spertezza *f*, sveltezza *f*; gir *m*
vitre	vaider *m*
vivant	viv, vivent
vivre	viver
voici	qua (è/èn)
voie	via *f*, strada *f*, stradun *m*, vial *m*
voie ferrée	binari *m*
voilà	ussa (è/èn)
voir	vesair, guardar
voisin	vischin
voiture	char *m*
voix	vusch *f*
vol[1], larcin	engol *m*, ladernitsch *m*, rapina *f*
vol[2] (airs)	sgol *m*
voler, dérober	engular, raffar, rapinar
voler, planer	sgular
volonté	veglia *f*, voluntad *f*
volontiers	gugent
vos	voss(as), Voss(as)
vote	votaziun *f*
voter	votar, vuschar
votre, vôtre	voss(a), Voss(a)
vouloir	vulair
vouloir dire	vulair dir, empurtar
vous	vus, Vus ; as, As
voyage	viadi *m*
voyager	viagiar
voyageur	viagiatur *m*
vrai	vair, vardaivel
vraiment	pelvair(a), propi, vairamain
vue	vista *f* ; vesida *f*

W

w.-c.	commoditad *f*, secret *m*, tualetta *f*
wagon	vagun *m*
week-end	fin *f* d'emna

Y

y vi, envi(a), londervi, vidlonder

il y a i dat, igl è

Z

zéro nulla *f*

zone zona *f*, cirquit *m*

Chapitre XII
ANNEXE

Comparaison entre le **romanche-grison** et le **ladin des Dolomites**

Bien que le premier soit une *koinè* avec une orthographe influencée de l'allemand, et le second une *orthographe supra-dialectale* de type italo-roman, il peut être intéressant de comparer ces deux parlers de la même famille romane.
Remarquer comment le ladin D. note les équivalents de RG *sch, s̲ch, tsch* et *stg*.
Les mots dont l'origine germanique est assurée sont notés d'un *astérisque, en français également.

RG	ladin D.	français
agid	aiut	aide
ampuauna	ampom	*framboise
arom	ram	cuivre, 'airain'
as̲chieu	ajei	vinaigre
asen	asen	âne
auca	auch	oie
auter	auter	autre
avair	avei	avoir
baiver	beive	boire
barattar	baraté	(é)changer
*basegn	*bujegn	*besoin
batger	beché	(le) boucher
*blut	*blot	pur, nu
bul	bol	sceau, timbre, 'bulle'
but	bot	tonneau
capitar	capité	se passer
chadaina	ciadeina	chaîne
chaldera	cialdira	chaudière
chamis̲cha	ciameija	chemise
champ	ciamp	champ
chandaila	ciandeila	chandelle
chantun	cianton	coin, canton
chasa	ciasa	maison

chas̲chiel	ciajuel	fromage
chastiar	ciastié	châtier
chatscha	ciacia	chasse
chatschar	ciacé	chasser
chaud	ciaut, -da	chaud
chaura	cioura	chèvre
chomma	giama	jambe
citad	zité	cité, ville
cotschen	cuecen	rouge
crap	crep	rocher
cretta	creta	croyance
crusch	crousc	croix
diesch	diesc	dix
(d)udir	audì	entendre, ouïr
dumesti	meste	apprivoisé
egl	uedl	œil
emna	edema	semaine
*fauda	*fauda	pli, *ride
fiera	fiera	foire, marché
*frestg	*fresch, -cia	*frais (adj.)
gia(da)	iade	fois
giaglina	gialina	poule
*giast	*ghest	hôte
giu	ju	en bas
*guarir	*varì	*guérir
*guerra	*vera	*guerre
gugent	gen	volontiers
ieli	uele	huile
isch	usc	porte, huis
iva	ua	raisin
iver	ure	le pis (de vache)
laschar	lascé	laisser
lavurar	laoré	travailler
lef	slef	lèvre
lingia	lingia	ligne, rangée
liom	liam	lien
*litgar	*leché	*lécher
luf	louf	loup
*magun	*magon	estomac

maisa	meisa	table
mangiar	mangé	manger
medem	medem	même
medi	mede	médecin
midar	mudé	changer
*niz	*nuz	utilité
nudar	nodé	nager
nusch	nousc	noix
ov	uef	œuf
passagi	passaje	passage
pe	pe	pied
pesch	pesc	poisson
pirla	pirola	pilule
plaiv	plief	paroisse
plievgia	pluevia	pluie
polesch	polesc	pouce
pras̲chun	perjon	prison
pudair	podei	pouvoir (verbe)
pugn	pugn	poing
*pur	*paur	paysan
rait	rei	réseau, filet
ras̲chun	rejon	raison
rir	rì	rire
sablun	saulon	sable
said	seit	soif
satigl	sotil	mince, subtil
s̲chaner	jené	janvier
*s̲chuppa	*jopa	*soupe
scuar	scoé	balayer
selvas̲china	salvarjina	*gibier
set	set	sept
sforz	sforz	effort
sgular	sgolé	voler (airs)
siemi	some	rêve, songe
sien	son	sommeil
spaisa	speisa	nourriture
stgampar	sciampé	échapper
stgars	schers	maigre
stors̲cher	storje	plier, courber

tagliar	taié	tailler, couper
tavla	tofla	pancarte, tableau
tgirom	curam	cuir
tievi, -ia	tiebe, -ia	tiède
traifegl	trafuei	trèfle
trair	tré	tirer
tschaina	ceina	le dîner
tschaira	ceira	cire
tscherner	cerne	*choisir
tschivlar	sciblé	siffler
tschuetta	ciuita	chouette
*tuaglia	*tovaia	couverture, nappe
*tudestg, -a	*todesch, -scia	*allemand, -e
ungla	ondla	ongle
ureglia	oredla	oreille
ustaria	ostaria	*auberge
utrò	autrò	ailleurs
utschè	ucel	oiseau
vadè	vedel	veau
vatga	vacia	vache
vegl, -ia	vedl, -a	vieux
ventg	vint	vingt
ventscher	vence	vaincre, surmonter
vid	vuet, -a	vide
vis̲chin	vejin	voisin
vista	vista	vue
vulair	ulei	vouloir
vusch	ousc	voix
zappa	zapa	pioche
zulprin	solprin	allumette

Petite bibliographie commentée

Lia Rumantscha, Via da la Plessur, 47, Chascha Postala, CH - 7001 Cuira.
www.liarumatscha.ch.
On y trouve le *Pledari grond* (grand dictionnaire) *deutsch-rumantsch, rumantsch-deutsch* avec les conjugaisons.
Attention, la petite équipe qui y travaille est très occupée, il n'est pas dans ses attributions de répondre à une demande ponctuelle sur un mot, un problème phonétique ou un parler local.

Georges Darms, Anna Alice Dazzi, Manfred Gross, *Wörterbuch Rätoromanisch-Deutsch, Deutsch-Rätoromanisch,* Langenscheidts AD Zürich, Lia rumantscha Cuira/Chur, 1985 et nombreuses rééditions.
Le dictionnaire (et la grammaire) de base du romanche-grison, en allemand, mais sans aucune notation phonétique ou accentuelle. Malheureusement les modifications ultérieures n'ont pas été portées dans les rééditions. On y trouve les toponymes les plus courants.

Manfred Gross, *RUMANTSCH - Facts & Figures,* Lia Rumantscha, Cuira, 2004.
Un ouvrage en romanche-grison sur la situation du romanche dans la plupart des domaines, et surtout contemporains.

Manfred Gross & Daniel Telli, *A Language of Switzerland, Romansch-English/English-Romansch, Dictionary and Phrasebook,* Hippocrene Books, New York, 2000.
Le premier ouvrage de romanche-grison qui donne des listes de mots et des phrases utiles au touriste et la prononciation en phonétique A.P.I, mais il est en anglais.

Gilbert Taggart, *Dicziunari/Dictionnaire rumantsch ladin-français, français-rumantsch ladin,* Ediziun Lia Rumantscha, Cuoira, 1990.
Très complet, la prononciation phonétique est donnée, ainsi que les conjugaisons, et les différences entre le vallader (qui constitue l'essentiel du dictionnaire) et le puter. La partie français-ladin, beaucoup moins importante, comporte 1500 mots du vocabulaire fondamental. En revanche très peu de toponymie.

Jean-Jacques Furer, *Dictionnaire romanche sursilvan-français*, Fundaziun Retoromana Pader Flurin Maissen FRR, 2001.
Très complet, donne les conjugaisons et l'accentuation, mais seulement les différences phonétiques des consonnes (s, sch, h). La toponymie y tient une place remarquable. Beaucoup de renvois (en particulier pour les verbes, les pluriels, les féminins), toutefois pas de partie français-sursilvan, qui elle est prévue ultérieurement.

Bandes dessinées :
Peter Haas, Felix Giger, *L'Istorgia dals Retorumantschs ; Sgartin & Fermentin ed ils Gials da Mercur*, Lia Rumantscha.
L'Histoire des Rhètes et de l'arrivée des Romains. Existe en plusieurs versions romanches.

Deux "Tintin" au moins ont été traduits en RG :
Hergé, *Las Aventuras da Tintin*,
- *L'Insla Naira* (L'Île noire)
- *Il Giomberet cun las Forschs d'Aur* (Le Crabe aux Pinces d'Or)
Lia Rumantsch, 1986.

Stich Dominique, *Minidicziunari rumantsch-franzos, franzos-rumantsch*, Yoran Embanner, *Liligast*, Fouesnant, 2006, 476 p..
Minidictionnaire français-romanche, romanche français, avec près de 8000 mots et la prononciation phonétique. Quelques erreurs et incohérences se sont glissées après la remise de mon travail terminé. Existe également en allemand, italien et anglais.

Table des matières

L'HARMATTAN, ITALIA
Via Degli Artisti 15 ; 10124 Torino
L'HARMATTAN HONGRIE
Könyvesbolt ; Kossuth L. u. 14-16
1053 Budapest
L'HARMATTAN BURKINA FASO
Rue 15.167 Route du Pô Patte d'oie
12 BP 226
Ouagadougou 12
(00226) 50 37 54 36
ESPACE L'HARMATTAN KINSHASA
Faculté des Sciences Sociales,
Politiques et Administratives
BP243, KIN XI ; Université de Kinshasa
L'HARMATTAN GUINÉE
Almamya Rue KA 028
En face du restaurant le cèdre
OKB agency BP 3470 Conakry
(00224) 60 20 85 08
harmattanguinee@yahoo.fr
L'HARMATTAN CÔTE D'IVOIRE
M. Etien N'dah Ahmon
Résidence Karl / cité des arts
Abidjan-Cocody 03 BP 1588 Abidjan 03
(00225) 05 77 87 31
L'HARMATTAN MAURITANIE
Espace El Kettab du livre francophone
N° 472 avenue Palais des Congrès
BP 316 Nouakchott
(00222) 63 25 980
L'HARMATTAN CAMEROUN
Immeuble Olympia, face à la Camair
BP 11486 Yaoundé
(237) 458.67.00/976.61.66
harmattancam@yahoo.fr

502083 - septembre 2012
Achevé d'imprimer par

654194 - Mai 2016
Achevé d'imprimer par